Krishnamurti

La Rivoluzione totale

Sommario

Presentazione

Chi è Krishnamurti? È uno che da quarant'anni passa da un continente all'altro, al di qua e al di là degli oceani per dire a coloro che vogliono ascoltarlo che, per salvare se stessi e il mondo, per chiudere l'era dell'animale e iniziare quella dell'uomo, si fa sempre più drammaticamente necessaria una rivoluzione radicale, quale la storia non ha mai conosciuto nel suo corso plurimillenario. Non si tratta di instaurare nuove strutture sociali, politiche o economiche, nédi escogitare ideologie etiche, filosofiche o religiose da mettere al posto di quelle correnti.

Occorre, al contrario, chiedersi perchétutte le strutture, tutte le ideologie, tutte le morali, tutte le religioni non siano riuscite a eliminare le aggressioni, le guerre, gli egoismi, le innumerevoli violenze fisiche e morali a cui soggiace, con assai più grave irrazionalità che non quella degli esseri cosiddetti inferiori, la nostra esistenza.

È una domanda antica quanto l'infelicità dell'uomo.

Ma finora egli vi ha risposto sostituendo una teoria all'altra, una disciplina all'altra. Ha insomma — salvo che nel settore della scienza, nel quale solamente è avanzato creando un pericoloso divario fra questo progresso e la sua umana immaturità —, fatto ricorso a soluzioni astratte, sempre eludendo l'impegno fondamentale di conoscere — non di interpretare — se stesso come creatore di miti, di stimoli, di evasioni dalla propria realtà effettiva. Krishnamurti vuole appunto condurre l'uomo a osservarsi in termini rigorosamente fattuali.

La scienza moderna è nata e ha trovato la propria vitalità quando, eliminando ogni apriorismo di natura teologica o filosofica, si è affidata all'unico linguaggio dei fatti, da essi ha indotto teorie, che è però sempre felice di rivoluzionare o di abbandonare qualora dai fatti venga una lezione che le smentiscano. Ma quando l'uomo si è sentito altrettanto felice di buttare a mare dogmatiche religiose, morali, politiche consacrate dalla riverenza tradizionale e tuttavia clamorosamente smentite dalla sua storia individuale e collettiva?

Eperché, mentre non tollera alcun culto della personalità nella sua indagine scientifico-tecnica, erige a maestro o messia o comunque ad autorità, a cui far sacrificio del suo libero conoscere, chiunque pretenda di possedere la più indispensabile delle scienze, quella del significato stesso del vivere umano?

Può un altro senza contraffarci, senza calarci in schemi astratti, e perciò stesso illusori, regalarci la conoscenza di noi stessi, la risposta agli interrogativi più gravi tanto nostri che del mondo in cui viviamo?

Eppure oggi l'uomo, inventore utente e vittima della rischiosa e irrequieta società della tecnica, l'uomo che corre il pericolo d'essere strumentalizzato e alienato dalle stesse macchine che produce,perchésa dotarle d'una coerenza e concretezza di azione di cui egli è troppo spesso incapace, non può perseverare in una visione di se stesso arretrata al feticismo. Non lo può, se non vuole andare incontro a conseguenze catastrofiche.

Tutto questo e molto di più, e soprattutto con una novità di cui la presente introduzione non conosce il segreto, è contenuto nella comunicazione di Krishnatnurti all'umanità attuale.

Ma chi è colui che si è assunto un compito del quale non v'è altro più importante?

Dalla sua eccezionale biografia potrebbero venire pericolose suggestioni; ma chi le subisse andrebbe incontro a una contraddizione insanabile con la sostanza della sua stessa comunicazione. Più facile è dunque dire quello che egli dichiara di non essere: non è un fondatore di religioni, nè untaumaturgo, nè un maestro che ammetta discepoli, nè un filosofo, nè un occultista e anzitutto non è un mistico.

Egli procede, con straordinaria ampiezza d'orizzonti e consequenzialità fra vita e parola, lungo la via in cui si muovono, più o meno a tentoni, la scienza, la cultura, l'arte più attuali e illuminanti.

Comprenderlo esige una spregiudicatezza d'indagine, una serietà di intenti, una chiarezza mentale, una semplicità e un'umiltà d'atteggiamenti che intervengono soltanto quando ogni precedente convinzione, consapevole o inconsapevole, sia stata messa a zero e la mente — come egli stesso dice — si sia fatta silenziosa e perciò nuova e innocente.

L'unica risposta alla domanda chi egli sia può venirci dalle sue stesse parole, che ripetutamente affermano che egli non haalcuna importanza, che non si può in nessun modo assumerlo al ruolo d'autorità o a qualsiasi altro ruolo, che non sia quello di uomo fra gli uomini.

Egli funge da specchio in cui possiamo rifletterci per imparare, indagando con lui, a scoprirci quali realmente siamo, a vedere ciò che è; non dunque secondo una teoria, ma mercé la osservazione diretta di noi quale fatto concreto, nel nostro quotidiano rapporto con noi stessi, con gli altri, con le cose, con le idee.

È una indagine razionale, logica; di una logica inconsueta, anti-intellettuale, che ci prospetta fatti interiori ed esteriori che ci sono familiari e che tuttavia si rivelano sconvolgenti.

È una indagine rivoluzionaria.

E senza questa rivoluzione nessun problema nè del singolo, nè del gruppo, nè del paese, nè del mondo intero può trovare soluzione che non finisca col corrompersi e col corrompere; senza questa rivoluzione i problemi si inacerbiscono e si moltiplicano, perpetuando l'angoscia esistenziale dell'uomo.

Essa è dunque la sola azione da cui possano giungere la liberta e la pace.

Primo discorso

Abbiamo dinanzi a noi una serie di dieci discorsi che ci consente di prendere le cose con calma, pazienza. intelligenza. A coloro che vi partecipano, con intendimento serio e non per soddisfare una curiosità momentanea, gioverà comprendere, nelle loro implicazioni, i problemi d'ogni essere umano,perchécomprenderli vuol dire risolverli e liberarsene completamente.

Ma vi sono alcune premesse che è necessario porre con chiarezza. Anzitutto occorre precisare che significhi per noi comunicare, quale senso attribuiamo alla parola, quale sia la reale struttura della comunicazione. Se io e voi vogliamo reciprocamente comunicare, dobbiamo intenderci, non soltanto nei termini verbali che usiamo, ma anche nella fattualità che essi implicano, mediante un simultaneo ascoltare e apprendere. Questa duplice funzione è, secondo me, la cosa essenziale. Ma v'è un secondo ordine di difficoltà: tutti possediamo un bagaglio di cognizioni, esperienze, pregiudizi, cui si aggiungono le sofferte complicazioni della nostra vita di rapporto. È questo il terreno in cui si impianta il nostro modo d'ascoltare, dato che siamo la risultante delle nostre molteplici esperienze conoscitive, anzi dell'intera cultura esperita dall'uomo attraverso i secoli e non solo negli anni recenti.

Mi domando quindi se abbiate mai osservato come ascoltate: e non importa che cosa, se un uccello o il vento fra le foglie o un dialogo con voi stessi, con i conoscenti, gli amici intimi, la moglie, il marito. Se vi fate caso, vedrete che l'ascolto integrale è molto difficileperchéci troviamo sempre entro la proiezione delle nostre idee, opinioni, pregiudizi, tendenze, impulsi. Il sottofondo mentale ci domina al punto da ostacolare la ricezione esatta di quel che vien detto. E così la comunicazione è priva di valore. Si ascolta, e perciò stesso s'impara, solamente in una attenzione, in un silenzio interiore, in cui il consueto patrimonio conoscitivo si ecclissa per dar luogo alla quiete. Allora è possibile comunicare.

Ma vi sono altri impedimenti. Se vi siete formata una data immagine di colui che vi parla, se gli attribuite un'autorità qualsiasi, ascolterete, non lui, ma il riflesso delle vostre prevenzioni; e ancora una volta non comunicherete. La comunicazione, l'autentica comunione ha luogo nel silenzio. Quando due persone intente e serie pongono nel comprendere tutto l'essere: la mente, il cuore, i nervi, gli occhi, gli orecchi, è nella loro attenzione una particolare qualità di silenzio che rende possibile l'effettiva comunione. È uno stato in cui ascoltare è imparare, è capire totalmente; e questa comprensione non si distingue ma coincide immediatamente con l'azione. In altre parole, allorchè ascoltate senza alcun presupposto, mettendo da canto qualunque opinione o dato d'esperienza, siete in grado non solo di comprendere ma anche, nel caso sia vero ciò che ascoltate, d'agire immediatamente.

Così nel corso di questi dieci incontri, mentre impareremo a osservare noi stessi — cosa di primaria importanza —. vedremo che dal processo medesimo dell'apprendere scaturirà l'azione immediata. Non vi sarà più un imparare a cui seguirà e si uniformerà un agire, ma l'atto dell'imparare coinciderà con quello del fare.

Fino ad oggi abbiamo imparato accumulando idee, vale a dire pensiero organizzato, elaborato razionalmente. E quando ci siamo sentiti in possesso di un certo corredo concettuale oideale, siamo passati all'azione. In tal modo abbiamo sempre separato l'apprendere dall'agire, cercando prima la formula ideologica e tentando poi di farvi corrispondere l'azione.

Ma ora ci interessa un procedimento del tutto nuovo, in cui imparare è agire, in cui, generandosi l'azione insieme all'apprendere, viene eliminata ogni causa di conflitto interno.

È indispensabile, secondo me, rendersi conto fin dall'inizio che qui non si sta fondando una nuova filosofia, una inedita dottrina teologica o intellettuale, Quel che intendiamo fare è provocare nella nostra esistenza una completa rivoluzione che non ha riferimento alcuno con le strutture della società di oggi. Anzi condizione prima- perché la rivoluzione avvenga ècomprendere l'intera struttura psicologica della società di cui siamo parte, da noi costruita attraverso i secoli; comprenderla e liberarsene definitivamente.

Vi è noto, senza dubbio, quel che accade oggi nel mondo. l'enorme malcontento che ribolle nei giovani d'America e d'Europa e che si manifesta sotto forme varie: gli hippies, i beatniks, i provos. Vedete la mostruosità delle guerre in corso, di cui, non solo gli americani o i vietnamiti, ma ciascuno di noi è responsabile anche se si combattono nel medio o nell'estremo oriente. Non usiamo a caso la parola"responsabili". Vi sono popolazioni che soffrono gravemente la fame e sono rette da governi inefficienti, intesi solo ad aumentare gli armamenti.

È naturale e umano chiedersi se è possibile mutare questo stato di cose, se può avere luogo un totale rivolgimento nel nostro modo di pensare e di vivere. Ma da dove cominciare? Tanto i comunisti che i nazionalisti o le autorità religiose sono sempre partiti dal presupposto che l'individuo non conta, poichè lo si può spingere in qualsiasi direzione. Di conseguenza, mentre si proclamano sostenitori di una comune libertà, fanno di tutto per impedirne l'origine. Ovunque le chiese mirano a cancellare l'autonomia mentale dell'uomo, perché meglio si conformi ai loro schemi dottrinali e ritualistici. Le organizzazioni, sia di partito che religiose, non si interessano dell'uomo inséanche se non smettono di parlarne. Ma è semplicemente ovvio che la sola rivoluzione realizzabile è quella dell'individuo.

Ogni singolo uomo è, come voi e me, il risultato della totale esperienza e condotta dell'umanità. Siamo il deposito di un passato razziale familiare e individuale. E fino a che non abbia luogo una rivoluzione entro questa secolare struttura, fino a che l'essenza dell'uomo non si decondizioni dal passato, non si vede davvero come possa attendersi l'avvento di una nuova e migliore società.

Badate che, quando parliamo d'individuo, non intendiamo l'antagonista, l'opposto polemico del collettivo, dato che l'individuo è il compendio dell'intera umanità. Se vi sfugge questo fatto essenziale, l'indagine vi condurrà a mere conclusioni intellettuali; se ciascuno di noi non si rende conto che nel singolo essere umano, appartenga all'oriente o all'occidente, è presente tutta l'umanità, seguiterà a non sapere come agire. Dunque ognuno di noi, in quanto essere umano, è totalmente responsabile della condizione del mondo. Siamo responsabili delle sue guerre,perchéviviamo da tedeschi, francesi, olandesi, inglesi,perchéci professiamo cattolici, protestanti, ebrei, buddisti, seguaci dello Zen, di questao di quella setta, sempre dividendoci, litigando, lottando gli uni contro gli altri. Le nostre divinità, i nostri nazionalismi ci separano. Ebbene, quando se ne è consapevoli di fatto e non in teoria, quando se ne soffre come si soffre la fame, allora l'angoscioso caos del mondo, del quale siamo parte attiva e responsabile —, diviene un problema tremendamente serio che promuoverà un'azione immediata. Ma fino a quel momento, fino a che ciascuno di noi non si riconosca pienamente responsabile dell'attuale mostruosa società, con le sue guerre le sue separazioni le sue cupidigie le sue violenze, non concluderemo nulla. Agiremo efficacemente allorchè comprenderemo la struttura psicologica che ci costituisce, tanto all'interno di noi stessi che nella società che ci circonda. In verità quanto più ci si inoltra nell'autoconoscenza tanto più si è maturi,perchél'immaturità non è che ignoranza di sè.

Perciò quel che ci proponiamo è imparare riguardo a noistessi; e non secondo il parere di chi ora vi parla, di Freud di Jung o di qualche altro filosofo; dobbiamo imparare a conoscerci quali realmente siamo. Se seguissimo il pensiero di Freud, conosceremmo Freud e non noi. Deve quindi avere termine ogni autorità, quella della chiesa e del prete come dello psicanalista famoso o del grande filosofo. Quando si affronta seriamente il problema d'una integrale rivoluzione nella nostra struttura psicologica, la prima cosa è bandire qualunque autorità. Ed è molto difficile,perchév'è da rimuovere, non solo l'autorità esterna, compito abbastanza agevole, ma quella interna che nasce dall'esperienza, da quell'insieme di esperienze, opinioni, ideali, ai quali tentiamo di fare corrispondere la direzione della nostra esistenza. È veramente arduo liberarsi da quest'ultimo condizionamento, affrancarsi, non dai grandi imperativi, bensì dalle memorie di ieri, che divengono l'autorità di oggi. Grava su noi, non soltanto il peso della tradizione, ma quello altrettanto deleterio dell'esperienza recente.

La conoscenza di noi stessi esclude l'autorità di ieri come quella di mille anni fa,perchésiamo una cosa vivente, in continuo movimento. Se ci osserviamo nel nome di un'autorità, importante sarà il suo dettato e non il fluire, la bellezza, la qualità del movimento; non la vita costituirà l'oggetto della nostra osservazione, ma l'accumulo di teoria e conoscenza nel quale crediamo. Perciò liberarsi dall'autorità significa morire a tutto quel che appartiene all'ieri sicchè la mente sia sempre intatta, sempre fresca e innocente, colma di appassionato vigore. Solo così possiamo vedere e imparare. Nè questa libertà può venire strumentalizzata e mutarsi in autorità al servizio di ciò che ci piace o dispiace.

È necessaria dunque una grande consapevolezza, una reale presa di contatto con quel che accade entro di noi, senza pretendere di correggerlo, d'interpretarlo secondo ciò che dovrebbe o non dovrebbe essere; l'interferenza, la correzione denuncerebbero l'autorità del censore.

Ebbene se siete ascoltatori, non casuali, ma attenti e seri, procederemo a passo a passo nell'indagine, senza omettere unsingolo moto interiore. Ma non troverete qui uno psicanalista; non c'è da un lato chi conduce l'analisi e dall'altro chi la subisce; c'è invece la constatazione di ciò che l'essere umano è. Quando sappiamo come osservare da soli ciò che è, il ruolo dell'analizzatore è del tutto inutile.

Dunque con questi discorsi ci accingiamo a comunicare reciprocamente, non su come sono andate o dovrebbero andare lecose, ma su quello che sta accadendo in noi, senza modificarlo, senza prendere posizione, semplicemente osservandolo nella sua realtà fattuale. E occorre per questo una intensa energia. Noi non guardiamo mai una cosa com'è; mai c'incontriamo con la significanza dell'albero,- dell'ombra folta del suo fogliame, della sua compiuta bellezza; ne abbiamo già un'idea e laidea precede l'osservazione. Concetti, formule, ideali ci impediscono di vedere, costituiscono la cultura entro cui è dimensionata la nostra vita, di cui è fatto il centro denominato voi e me. Guardiamo unicamente attraverso le lenti di questa cultura, perciò il nostro non è affatto un vedere.

Ma se ora vi metterete di fronte a ciò che vien detto senza alcuna idea o immagine, se ascolterete davvero, l'interna autorità della cultura sarà ridotta al silenzio. Non vi batterete più per questo sedimento che la società ha lasciato in voi,perchénon vi vedrete nient'altro che un ostacolo.

In verità solo se sarete capaci di guardare e di vedere, entrerete in comunione, stabilirete il giusto contatto con l'albero,con le nuvole, con la montagna, con la bellezza della terra,con il vivente processo della vostra interiorità; e nella diretta comunicazione non insorgono problemi di sorta. Il problemanasce, e con esso il conflitto, l'avversità, il dolore, quando vi ponete di fronte alla cosa osservata da osservatori distinti e contrapposti.

Durante questi discorsi ci aiuteremo reciprocamente a comprendere e entreremo così in contatto con ciò che realmente è. L'osservatore cesserà d'esistere; e guardare, ascoltare, comprendere, agire saranno una medesima cosa.

Vogliamo ora esaminare insieme quel che è stato detto oaltri problemi che vi interessino? Ritengo che le domande siano molto importanti soprattutto se rivolte a se stessi e non a un altro. È raro che sorga in noi un interrogativo fondamentale; quando si presenta, ci manca il tempo o la capacità di trovare la giusta risposta. Ma quanto più la domanda è appassionata e seria, tanto meno la risposta tarda, giacchè è contenuta nella domanda. E ora chiedete pure.

—Non capisco la faccenda dell'azione immediata.

—Che è l'azione? Nel suo significato concreto è un"fare", un attivo presente. Invece per molti di noi è il risultato di costumi, conoscenze, esperienze passate che ne costituiscono la premessa e lo schema. Le memorie di ieri operano, modificandosi, nell'oggi e preparano il domani. Così non v'è mai un attivo presente. Agiamo uniformandoci a qualcosa di morto. Naturalmente nel campo delle attività tecniche le conoscenze acquisite sono indispensabili. Ma nell'attività psicologica la memoria non conduce all'azione autentica bensì al proiettarsi nel futuro di cose defunte. E allora? Devo imparare un'azione diversa, non diretta dalla memoria; devo vedere ciò che effettivamente è, non secondo moduli verbali intellettuali o sentimentali.

Mettiamo che abbia sperimentato un momento d'ira o di piacere di cui m'è rimasta la memoria; questa memoria tende a condizionare il mio agire. In tal caso l'azione servirà a verificare e incrementare l'ira o il piacere passato, ne sarà il prolungamento, e quindi stasi, inazione.

È consentito svincolarsi dalle memorie di ieri e vivere nel presente? Non è domanda da liquidare con una risposta intellettuale. La mente, che è prodotto del tempo, organo e sede di infinite esperienze trascorse, non è in grado di liberarsi dal passato mercè una qualche filosofia che, affermando l'esistenza del solo presente, consigli di farne la miglior cosa possibile. Io non posso vivere nel presente, se il presente nasce all'ombra del passato. Per comprendere ciò dovete imparare a vedere; e ci riuscirete soltanto quando guarderete senza che intervenga condanna, conforto, giudizio, come guardereste un albero, una nuvola. Ma non sappiamo guardare con semplicità un albero, una formica, la corrente d'un fiume; e molto meno la complessa struttura delle memorie. Dobbiamo apprendere l'una cosa e la altra,perchél'azione che si conforma alla memoria è completa inazione, non produce affatto un mutamento radicale.

—Mi domando se non vi sia contraddizione nel vostro affermare da un lato che l'individuo è il collettivo e la risultante del passato, dall'altro che non deve sussistere l'autorità del passato.

—In fin dei conti l'autorità del passato non ha altra cagione che la sicurezza. Se la riconosco a qualcuno: al prete, allo psicanalista, al comandante d'armata, alla moglie o al marito, è solo per questo motivo. L'uomo attraverso i secoli ha creato e subito l'autoritàperchéquanto più è disorientato e infelice tanto più ha bisogno di chi lo guidi. Ma ora ci rendiamo conto che l'autorità, sia quella impersonata da un altro sia quella che vuole guidarci dall'interno, è solo un impedimento.

Indubbiamente per l'individuo il problema dell'autorità è assai complesso. Egli deve comprendere se stesso nel collettivo, poichè in esso l'autorità trova la propria strutturazione. Tutti noi cerchiamo la sicurezza in una forma o nell'altra: nel lavoro, nel denaro, nella continuità del piacere sessuale o di diversa natura. È evidente che là ove si manifesta un'esigenza di sicurezza nasce un'autorità; su questo assioma si fondano la psicologia e la cultura della nostra società.

Ma vi siete mai chiesti se la sicurezza, su cui facciamo tanto assegnamento, esiste davvero? L'abbiamo perseguita attraverso le chiese, i capi politici, le umane relazioni, senza mai trovarla. Non è forse vero? Avete raggiunto la sicurezza nei vostri legami con gli altri? C'è sicurezza in qualche forma di religione o governo? La vostra certezza nei dogmi e nelle fedi è fatta soltanto di idee che un argomento, un dubbio, un impulso libertario possono demolire.

Ebbene quando si comprende, sul piano dei fatti e nondelle idee, che la sicurezza, la permanenza sono inesistenti, irreali, l'autorità perde qualsiasi significato.

—Credo abbiate affermato che siamo responsabili della intera società. Forse non ho ben compreso. Volete dire che ricade su noi anche la responsabilità della guerra?

—E voi pensate che non sia così? Eppure il nostro modo di vivere dimostra che siamo brutali, aggressivi, ancorati a crudeli pregiudizi, divisi in nazionalità, in sette religiose, in interessi che si odiano e si combattono. È inevitabile che tutto ciò sfoci nelle guerre. Volere la pace significa viverla in ogni giornata della nostra esistenza.

—Tuttavia alcuni sono più responsabili degli altri.

—Ah! Dunque v'è qualcuno più responsabile di voi e di me. È una via d'uscita comoda ma purtroppo illusoria. Se voi vi sentite tedesco e io russo, voi comunista e io capitalista, non siamo già avversari pronti a saltarci alla gola? Può darsi che apparteniate ai benpensanti, desiderosi che ogni cosa continui senza scosse; avete un po' di denaro, un figlio e pretendete assolutamente che non vi si disturbi, odiando chi possa farlo. Non siete responsabile di questa ostilità?

Quando dite:"la mia religione","il mio Budda","il mio Cristo", non alludete forse al principale investimento a favore della vostra sicurezza? Non siete pronti a detestare chi la pensi altrimenti?

Una vita di pace è una vita senza nazionalismi, religioni, dogmi, autorità. Pace vuol dire amore, vuol dire innocenza di sentire. Se in voi non c'è, siete responsabili di tutta la confusione del mondo.

Domenica 9 luglio 1967.

Secondo discorso

Dicevamo nel discorso precedente che è necessario liberarci della struttura psicologica del mondo in cui viviamo, immunizzarci dall'influsso che la società, di cui facciamo parte, esercita su di noi. Ma per comprendere questa dipendenza e mettervi fine occorre una considerevole dose di vigore, d'energia vitale.

È ovvio che l'individuo è tanto più complicato quanto più lo è la società cui appartiene. Egli ne è fautore e membro, perciò la sua psicologia è fondamentalmente quella della società.

Di conseguenza capire i problemi individuali equivale ad affrontare la propria vita di rapporto, le proprie identificazioni con gli schemi psicologici dell'ambiente sociale. Ed è compito che richiede una energia fisica e intellettuale non ricavabile da alcuno stimolo o motivo, da alcuna droga psicologica o chimica. Non resta allora che rendersi conto di come avvenga in noi la dissipazione d'energia. In questa indagine avanzeremo gradatamente; e chi vi parla fungerà da specchio, darà voce a quel che effettivamente accade entro di voi sicchè non vi imbatterete in una esposizione verbale, in una serie di teorie, ma nell'osservazione e nell'ascolto di voi stessi. Non contano le espressioni di chi vi parla o le formulazioni di chicchessia ma il vostro statodi confusione, la vostra mancanza d'energie, la vostra infelicità senza scampo.

Se per l'energia occorrente dipendessimo da uno stimolo, finiremmo col compromettere l'acutezza della nostra mente, rendendola ottusa e inservibile. L'allucinogeno e altre sostanze droganti forniscono, è vero, una temporanea capacità di veder chiaramente le cose; ma presto tutto torna come prima, con l'aggravante che si è sempre più schiavi della droga. E così è per ogni specie di stimolo. Il ricorso alle chiese, all'alcool, ai discorsi di chi vi parla, determinerà inevitabilmente un vincolo, un ostacolo alla forza vitale che consente di veder chiaro da sè. Qualunque stimolo, qualunque dipendenza indebolisce la prontezza e la vitalità della mente.

Ma purtroppo tutti dipendiamo da qualcosa: dai legami con gli altri, dal libro che soddisfa il nostro intelletto, dalle opinioni o ideologie che abbiamo adottate oppure dall'isolamento, dal rifiuto,dalla resistenza in cui ci siamo arroccati. Così l'energia viene distorta e dissipata. Dobbiamo capire ilperchédi tutto ciò, per qual ragione abbiamo bisogno di dipendere psicologicamente — non alludo certo alla dipendenza dal lattaio o dal tecnico —; dobbiamo renderci conto di quel che è implicito nel dipendere. Sono domande essenziali per chi indaghi sulla dissipazione, distorsione o deterioramento della vitalità indispensabile ad affrontare moltissimi problemi. Perchémai dipendiamo da una persona, da un libro, da una chiesa, da un prete, da un ideale, da un vizio, da una droga? Che senso hanno i vari supporti, subdoli o scoperti, su cui si regge ognuno di noi? Inoltre rintracciare le cause di uno o più di essi basterà a troncare tale dipendenza? Avete capito la domanda? Stiamo imprendendo insieme una ricerca; non aspettate quindi risposta da me, ma osservate in voi i motivi del dipendere. Così la scoperta è vostra e costituirà una fonte d'energia.

I motivi sono svariatissimi. Per esempio, ci si può accorgere di aver bisogno di un uditorio dal quale si è vitalizzati sia quando approva che quando disapprova; anzi il dissenso, generando una battaglia di idee, fornisce assai più energia che il consenso. Così si dipende da questa circostanza.Perché?

Ma ora ci domandiamo anche se l'individuazione della causa basterà a liberarci dalla dipendenza.

Vi prego, avanzate lentamente con me. Nell'esempio precedente la necessità di un pubblico nasceva dal sentirsene stimolati. Ma donde nasce il bisogno dello stimolo? Ovviamente dal fatto che si è vuoti nell'intimo, privi d'una sorgente di forze perennemente ricca e vivace nel suo movimento. In questa enorme povertà è l'origine di ogni dipendenza.

Basterà la scoperta di tale causa a mettervi fine o sarà semplice acquisizione intellettuale, nient'altro che una formula? Diventerà libera la mente che per mezzo delle analisi, del processo raziocinante, è giunta a constatare le cagioni del suo dipendere? Certamente no. Nè un dato dell'intelletto, nè l'adesione a un'idea, nè un'acquiescenza emotiva serviranno a rimuovere la necessità dello stimolo.

La mente può essere libera soltanto quando vede la totale struttura psicologica che la induce a dipendere da uno stimolo; quando comprende che lo stimolo è per sua natura tale da renderla ottusa e inattiva; quando si rende conto, inoltre, che l'intellettuale scoperta di una causa particolare non la affranca dalla dipendenza. Soltanto afferrando il processo totale la mente può svincolarsi.

Dunque la domanda importante è: si deve guardare l'intero quadro o la singola parte? Noi di solito pensiamo e vediamo parzialmente. Bisogna dunque chiedersi che significhi vedere una totalità. Può farlo la mente che ha sempre funzionato settorialmente, per mezzo di categorie, in termini di nazionalità tedesca, russa, francese, oppure di cattolicesimo, di individualismo o collettivismo? La mente che si è formata in seno a una civiltà specializzata, che contrappone dio al diavolo, l'odio all'amore, l'ansietà alla pace?

Il nostro pensiero si basa sulla dualità degli opposti, sul confronto, sulla competizione. Come potrà la mente frammentaria cogliere l'unità del tutto? Se si osserva il mondo con gliocchi dell'indù, se lo si guarda dalla piccola finestra dei suoi pregiudizi, dei suoi riti, e delle sue tradizioni religiose e culturali, evidentemente si scorge dell'umanità, non l'intero, ma il frammento.

Per vedere la totalità d'un albero, d'un rapporto, d'una attività, la mente deve aver superato il frammentismo, deve aver eliminato il centro che si pone quale interno punto d'osservazione e che, nascendo dal sedimento di particolari interessi cattolici, protestanti, comunisti, familiari, è, per sua natura, l'origine d'ogni divisione.

Perciò, fino a quando la vita viene osservata da un certo angolo visuale, attraverso certe esperienze di cui si è fatto tesoro, muovendo da un certo sottofondo mentale che si costituisce a concetto dell'io, non è possibile incontrarsi con la totalità.

E tuttavia il problema non sta nel come sottrarsi alla frammentazione. La domanda, anche se sorge spontanea, è sbagliata. È indizio che la scoperta è stata fatta dall'intelletto mediante l'analisi, e perciò a livello verbale. Di conseguenza è anch'essa frammentaria come tutto ciò che è verbale, intellettuale, analitico. È possibile scorgere una totalità solo quando il pensiero non interferisca e i fattinon si convertano in parole o moduli intellettuali, ma — ci piacciano o no — ci stiano innanzi come questo microfono, che può essere soltanto ciò che è.

Allora ci incontreremo con la concretezza del nostro dipendere senza bisogno di cercarne nè le cause nè il modo d'eliminarlo,perchénon l'osserveremo più movendo da un centro egoico, da una struttura particolare di pensiero. Una osservazione come questa illuminerà, non un dettaglio, ma l'intero quadro; e la mente sarà libera.

Siamo così giunti a scoprire due cose: la prima è che la frammentarietà del pensiero rende inevitabile la perdita dell'energia vitale. Al rivelarsi del totale processo del dipendere è apparso chiaro il continuo dispendio d'energia da parte della mente che funziona in quanto comunista, cattolica, indù o entità che distingue e analizza. Abbiamo inoltre scoperto che dauna completa visuale scaturisce la forza che affronta, al suo insorgere, qualsiasi frammento e se ne libera.

Ecco la fonte d'ogni particolarismo, d'ogni divisione e perciò d'ogni conflitto, dato che separare significa creare occasione di conflitto e di dispendio d'energia.

Così, quantunque lasciarsi guidare dall'autorità o dalla imitazione, diventare seguaci di una ideologia buona o cattiva, sacra o profana, facente capo all'autorità del prete, del rituale, del dogma, del partito, possa sembrare un minor dispendio di forza, al contrario, in quanto attività frammentaria, conduce inevitabilmente al conflitto. Allorchè nasce una contrapposizione fra ciò che si è e ciò che si dovrebbe essere, l'urto non può mancare e con esso la dissipazione d'energia.

Arriveremo a vedere tale verità? Ancora una volta la soluzione non sta nel come liberarsi dal conflitto, che riproporrebbe il dilemma, il problema, e di conseguenza il conflitto. Se invece si vede il fatto in modo diverso, diretto, concreto, come si vede questo microfono, ci si trova di fronte all'essenza d'una vita in cui il conflitto non ha più luogo.

Ma abbordiamo diversamente la questione. È nostra abitudine confrontare quello che siamo con quello che dovremmo essere, con la proiezione del concetto di come dovrebbero andare le cose. Prendiamo come riferimento, fra il prossimo, chi possiede quel che non abbiamo: ci misuriamo con-qualcuno più intelligente, più colto, più affettuoso, più gentile, più famoso. Il"più"ha un ruolo preminente nella nostra esistenza, alimentandovi invidie, competizioni, ostilità. Ma che cosa significa e donde viene il bisogno di confrontarsi? Chiedetelo a voi stessi.Perchévi paragonate a un altro? Una delle risorse più banali della pubblicità commerciale sta nel convincervi che vi manca quel che dovreste avere. Fin dall'infanzia siete incitati a competere in intelligenza con questo o quello. Quale necessità psicologica si esprime nel confronto? Scopritelo. Se non mi confrontassi con un altro, come sarei? Probabilmente ottuso, vuoto, sciocco; mi vedrei per quel che sono. Mediante la competizione spero di evolvere, di migliorare, di diventare più capace,più bello, insomma qualcosa di più. Lo sarò davvero? Il fatto è ciò che sono in realtà; e, ricorrendo al confronto, analizzo e frammento questa concretezza, disperdo le mie energie. Essere completamente e unicamente quello che si è significa disporre dell'immensa energia necessaria per vedere.

E non crediate che, osservandosi senza confrontarsi con alcuno, si incorra per mancanza d'incentivi nel ristagno mentale; al contrario ci si trova al di là di ogni conflitto.

Ecco dunque nella sostanza, e non nelle cause accidentali, come la mente sciupa l'energia indispensabile per mettersi di fronte alla totalità della vita, non più impigliata nel frammento. È come guardare una distesa fiorita, uno di questi prati che, se siete giunti qui all'inizio dell'estate, avete visto costellati di mille fiori d'ogni colore. Purtroppo la maggior parte di noi si contenta di un angolo particolare, dell'unico fiore che vi spunta, perdendo di vista l'intero campo. Ci concentriamo su quel fiore e trascuriamo il resto. Così, dando importanza all'immagine di noi stessi distinta e separata da ogni altra, creiamo i termini di un conflitto.

Per uscire dal particolarismo è necessaria, come abbiamo detto, un'energia che è senza motivo, senza direzione; e per averla, dobbiamo essere interiormente poveri, sgombri delle cose costruite dalla società e da noi stessi. Invece, ignorando che sia la povertà interiore, badiamo a dotarci dei cosiddetti valori, tanto individuali che della società, che si sostanziano di cupidigia, invidia, odio, iracondia, gelosia, angoscia. Questo è il nostro patrimonio interiore. E ne saremo consapevoli solo se disporremo digrande vitalità, tanto fisica che psicologica. La povertà è una cosa stranissima. Tutte le religioni del mondo la raccomandano insieme alla castità e ad altre virtù. A loro giudizio è povero il monaco che si contenta d'una tonaca, rinuncia al proprio nome e chiuso in una cella si dedica alla interminabile lettura della Bibbia. Con poche differenze l'Oriente e l'Occidente venerano una simile povertà. Ma coloro che ne hanno assunto la divisa esteriore sono tuttora psicologicamente ricchi delle cose del mondo, poichè cercano distinzione e prestigio, incarnano un modello di vita religiosa, rappresentano una delle categorie culturali della società. Essere poveri non significa affatto possedere poche vesti e poco cibo, ma essere liberi nella psiche da ogni struttura sociale. Allora la povertà si rivela uno stato bellissimo, meraviglioso, nel quale non è un cercare, un ambire, un aspirare; non è più nulla. Ed è il solo stato che possa imbattersi nella realtà di una vita senza conflitto, di una vita che è benedizione, che non si trova in nessun convento, in nessun tempio.

—Non è paradossale dire che il pensiero funziona sempre a frammenti e che, per non essere più frammentario, ha bisogno d'energia? Non si fa un circolo vizioso?

—L'energia mi occorre per capire; ma capisco in modo frammentario e spreco le mie forze. Cosa debbo fare? È un fatto che una durevole energia del fisico, dell'intelletto, del sentimento, della passione, m'è necessaria per afferrare l'essenza di qualcosa. Però mi rendo conto che le mie risorse vengono continuamente dissipate. Mi chiedo allora che cosa si può fare. Ho bisogno di vitalità per incontrarmi, ora nell'immediato, con tutti i problemi dell'esistenza; ma seguito a sciuparla nutrendomi nel modo sbagliato, pensando a questo o a quell'altro, vivendo da indù con i miei pregiudizi, le mie ambizioni, le mie cupidigie. Ebbene si può tentare qualcosa in queste condizioni? Ascoltate anzitutto la domanda molto attentamente, senza pensare ad accoglierla o rifiutarla. L'energia mi è indispensabile e io la disperdo; dunque sono in uno stato di contraddizione e la contraddizione è perdita d'energia. Comprendo perciò che, mentre perdura una mente confusa, ogni cosa che io faccia si conclude in uno spreco. I tentativi di una mente confusa, a qualunque livello, perpetueranno la confusione. È inutile che cerchi di adeguarsi alla chiarezza intravista un momento; incorrerà in altro conflitto e in maggior confusione.

Così ho compreso che l'azione confusa confonde sempre più la mente che l'ha generata; è un fatto di cui vedo la grave minaccia come quando corro un serio pericolo. Che succede aquesto punto? Non agisco, non aumento in nessun modo la confusione. E tale stato completamente inattivo è l'azione più totale.

Ora affrontiamo l'indagine in altro modo. So che qualunque specie di antagonismo: provocare la morte del nemico volando a grande altezza o sparandogli da vicino, contrastare con la moglie o con se stesso, dar battaglia nel campo degli affari, coltivare il conflitto nell'intimo, è essere in guerra. Io do esca alla guerra anche se non ho sulla coscienza la morte d'un vietnamita o d'un americano. Lo so dapprima nel solito modo a cui è avvezza la maggior parte di noi, cioè comprendendolo settorialmente, con l'intelletto. E mi risulta chiaro che, se agisco con questa visuale frammentaria, accrescerò il conflitto, la guerra. Devo allora trovare uno stato, una qualità della mente al di là d'ogni possibile conflitto; ma ignoro se esista realmente, se non sia una ipotesi destituita di fondamento. Che fare? È evidente che non posso imbattermi in alcuna scoperta se non dopo aver afferrato la totale natura del conflitto, l'intera struttura dualistica del bene e del male. Ed è assurdo che neghi la realtà del conflitto fra bene e male, fra amore e gelosia. Devo invece affrontarlo oltre il giudizio e il confronto, semplicemente osservandolo. Pertanto la prima domanda è come osservare e non che cosa fare. Così imparo a guardare il vasto campo della vita senza accettarlo o rifiutarlo, condannarlo o giustificarlo; è dinanzi a me come può esserlo un albero. E il mio sguardo coglierà la vera realtà dell'albero solo se nel mio intimo sarà sparito l'osservatore e, con lui, il frammentario processo del pensiero. Osservo allora questa vita che finora, come fosse cosa naturale, ho ritenuto un immenso campo di battaglia dove scontrarmi col vicino o con la moglie, dove esercitare la competizione, il giudizio, la condanna, le minacce, l'ira. Guardo questo esistere che ho accettato, questa vita che io sono. Potrò vedermi quale fatto, senza confrontare, giudicare, condannare? Se ci riuscirò, sarò liberato dall'influsso della società che pensa o sente in termini di grande e piccolo, potente e debole, bello e brutto. Con un unico atto avrò compresoil globale processo del frammentare e non apparterrò più a nessuna chiesa, a nessun gruppo, a nessun partito, a nessuna nazione.

—Reazioni e sentimenti sono condizionati dal pensiero. A quanto sembra, se nasce in noi un sentimento mite, spesso non si traduce in azione, scompare rapidamente e non influisce sulla nostra vita di rapporto. Se si tratta invece di un forte senso antagonistico, anche quando non si risolve subito in azione, incide sulla relazione con l'altro e non si dissipa facilmente.

—Reagire è perfettamente naturale. Se mi pungete con uno spillo, io lo sento, a meno che non sia paralizzato o morto. Così è naturale che risponda al piacere o al dolore che sono le sole cose a cui sia sensibile. Se si tratta di piacere voglio che continui, se si tratta di dolore voglio che finisca. La reazione è inevitabile. Maperchési presenta sempre nel suo dualismo piacere-dolore? E quando reagisco che accade? Interviene subito il pensiero.

—La reazione violenta è anteriore al pensiero.

—Aspettate un momento. Voi mi pungete ed io reagisco violentemente. Vi do uno spintone o scappo via; l'uno e lo altro sono azioni violente. L'antagonismo viene dopo, un istante più tardi, quando il pensiero mi dice che devo difendermi. Osservate la cosa attentamente e ve ne renderete conto voi stessi. Io reagisco alla vostra puntura; e fin qui è naturale. Maperchésopraggiunge l'antagonismo?

—Perchévoi interferite col mio sentire.

—Ma la vita è un continuo interferire reciprocamente.

—E allora si oppone resistenza.

—Ebbene scopriteperchéresistete; spingetevi a fondo.

—È nella mia natura.

—La natura m'induce a proteggermi fisicamente. Ma io aspiro a proteggermi anche psicologicamente.Perché?

—Perchévoglio essere libero, non subire sopraffazioni.

—E ci riuscite?

—Certamente; per questo reagisco.

—No, così la questione non è chiara: non state seguendo il discorso. È giusto che mi difenda fisicamente, altrimenti non potrei vivere. Maperchéil pensiero trasferisce questa necessità sul piano psicologico?

—Perchéanche questa è una reazione autoprotettiva. Potrebbe forse accadere altrimenti?

—No, no. Lasciate stare ciò che potrebbe o non potrebbe accadere. Il problema è questo bisogno psicologico di proteggersi, di resistere. Perche?

—Quando capita è un fatto da osservare. E se si osserva un fatto...

—Prima di passare a un fatto particolare, scoprite il significato di tale necessità psicologica.

—È inerente alla psiche.

—Non c'è nulla di inerente. Addentratevi nell'indagine e vedrete. Dunqueperchédifendo la mia psiche?

—Perchésono caratterizzato in un certo modo e questa è una delle mie caratteristiche. Voi direte che devo sbarazzarmi dell'"io". Ma non è possibile.

—Non sto affatto dicendo che dobbiate sbarazzarvi di alcunchè. Mi chiedo semplicemente per qual ragione io mi protegga in senso psicologico. È chiaro che lo faccioperchénon conosco me stesso. Quanto più mi conosco, tanto meno ho bisogno di difendermi, dato che il me stesso è in concreto un bel nulla; è un cumulo di parole e memorie. Perciò difendo una cosa che non ha consistenza reale, che è un'idea, un concetto. Per proteggere e mantenere ciò, reagisco, contrasto, litigocon tutti. Ma man mano, o meglio, nel momento in cui scopro l'irrealtà di questa struttura, non v'è più nulla da proteggere. Non ha senso convenirne con me; provate voi stessi.

—Ma finchè non si arriva a conoscere l'io, le reazioni violente continueranno.

—Se vi piacciono, potete farle continuare.

—E se non piacciono, si è costretti a opporre resistenza. Ma non è la via questa.

—Resistenza, difesa, opposizione sono tutti mezzi per mantenere una certa qualità che riteniamo importante, una certa condizione che secondo noi va custodita.

—È solo una parte della questione.

—È la parte maggiore.

—C'è il problema del rapporto con gli altri.

—Benissimo. Affrontatelo pure così, a modo vostro.

—Vogliamo evitare di comportarci in modo da rendere aspri i rapporti con gli altri, anche se sono aspri i nostri sentimenti. Quindi interveniamoperchénon accada.

—Prima di proteggere questi rapporti, vediamo che cosa sono realmente. Se io sono sposato, se ho moglie o marito, se ho dei figli in che consiste il mio rapporto con essi? Corre fra noi una vera relazione?

—Indubbiamente ne condividete l'esistenza.

—Certo vivo con mia moglie.

—E in certi momenti il rapporto è amichevole, in certi altri...

—Seguite il filo dell'indagine. Spingetevi più a fondo. Vivo con mia moglie: ma gli appetiti sessuali di quando ero giovane sono svaniti o si presentano raramente. Che cosa accade? Durante gli anni trascorsi con mia moglie ho tenuto un atteggiamento di resistenza, di dominio, di sopportazione,perchénon mi andava d'essere trascurato o strapazzato. Così mi sono formato un'immagine di lei e lei di me. Il rapporto corre fra queste due immagini non fra noi due; non c'è alcuna vera comunicazione. Ora mi rendo conto di come vanno le cose: pertutta la vita non ho fatto altro che costruire immagini e difenderle. Quando le immagini prendono il posto della realtà il conflitto non può mancare; perciò se voglio vivere senza battagliare devo svincolarmi da ogni immagine. È cosa possibile ? Potrò stare accanto a mia moglie senza mai concepirne un'immagine malgrado i bisticci e i malumori? Significherebbe che la mia mente è divenuta così duttile e attenta che ciò che mia moglie può dire o fare non vi lascia segno. In caso contrario continuerà un rapporto fra immagini, causa di interminabili scontri.

—Non stiamo parlando delle medesime cose. Io penso a quando in ufficio o in compagnia di persone, con le quali si ha un lavoro o degli interessi comuni, accade un incidente che provoca in noi una violenta reazione. Questo sentimento, se non si fa attenzione...

—Chiedeteviperchénon fate attenzione. Ma nel frattempo...

—Non c'è frattempo.

Non voglio bisticciare in ufficio. E voi non bisticciate.

—È quel che intendevo dire: bisogna sapersi fermare.

Fermatevi dunque. Ma conta assai più comprenderereperchénon siete attenti, vigili. Rispondendo su questo punto darete risposta all'intera questione. Vi interessate invece alle soluzioni periferiche schivando l'istanza fondamentale dell'osservare e conoscere voi stessi.

—Come si può sapere se il mondo esteriore esista come entità reale o sia illusione, maya?

—Credo che in sanscrito la parola"maya"significhi"misurare". E naturalmente, l'attività mentale poichè si fonda sul misurare, ingenera illusione. Perciò nel convincimento che la mente non potesse funzionare che misurando, si è affermato che i ritrovati dellamente sono illusori. Questo predica una filosofia diffusa in India, secondo la quale tutto il mondo è maya. E vi consiglia di voltarglile spalle, dimenticando malattie, dispiaceri, conflitti che sarebbero nient'altro che illusioni. Ma andate a dire una cosa simile a un affamato e vedrete che per lui non ha senso alcuno. Provate a convincerne un ammalato di cancro o d'altro grave malanno. Non si tratta di decidere se il mondo esista o non esista, se sia o no illusorio. La verità è che in questo mondo io e voi ci diamo battaglia, che i vietnamiti cadono uccisi dall'uno o dall'altro 2ontendente. I fatti son fatti; e per comprenderli bisogna entrare in contatto con essi, cioè osservarli senza che intervenga il pensiero con le sue teorie, i suoi dogmi, i suoi pregiudizi, le sue fedi, i suoi nazionalismi.

11 luglio 1967.

Terzo discorso

Abbiamo chiarito la volta scorsa quale importanza abbia discernere la vera natura del conflitto non soltanto nella sua forma esterna di guerra ma anche in quella assai più complessa e sottile che assume nel nostro interno e che esige un'attenzione più vigile, un intendimento più profondo.

La maggior parte di noi vive in conflitto su tutti i piani della coscienza; e non c'è parte della psiche che ne rimanga indenne, non luogo che non sia un campo di battaglia. Nei nostri rapporti, tanto intimi che col prossimo o con la società, regnano l'antagonismo, la divisione, la contraddittoria dualità degli opposti, generatrice di conflitto.

Quanto più si è consapevoli di se stessi e delle proprie relazioni con le strutture della società, tanto più si avverte ad ogni livello della psiche la presenza, subdola o scoperta, del conflitto nei suoi effetti superficiali o catastrofici. È condizione profondamente radicata in ognuno di noi, pur se si esprime in mille modi diversi: antagonismo, odio, desiderio di possedere, di dominare e dirigere la vita altrui.

Ebbene esiste uno stato del tutto esente dalla natura del conflitto? Sfrondare o troncare qualche ramo non basta; è possibile invece scavare tanto addentro da metterne allo scopertole radici, sicchè si estingua entro di noi e, di conseguenza, anche nel mondo? È chiaro, quindi, che non sarà attraverso la calma vegetativa e stagnante, l'assenza di dinamismo, vitalità, energia che si giungerà alla fine del conflitto. Ma prima d'indagare oltre domandiamoci se una qualsiasi organizzazione esterna ci possa aiutare a raggiungere la pace interiore. Sono molti coloro che, raggruppati in associazioni diverse, credono che una umanità perfettamente ordinata, il cui benessere sia garantito dall'efficienza burocratica o dall'automazione, possa assicurarsi la pace. Comunisti o socialisti, adepti del materialismo o della cosiddetta religione si organizzano nella persuasione fondamentale che con un certo ordinamento esterno, basato su certe discipline e costrizioni legali, vengano eliminate per sempre la violenza e la guerra. Altri invece ritengono che l'ordine e la fine del conflitto si ottengano mediante l'intimo conformarsi a un principio etico o ideologico che detti legge nella vita. Sono casi che conosciamo molto bene. Ma potrà la cessazione del conflitto venire dal conformismo coatto o volontario? Si otterrà davvero con la costrizione esterna e il lavaggio del cervello? Gioverà allo scopo una vita interiore improntata a principi che derivano da un'autorità e implicano sforzi e contrasti senza posa? L'obbedienza, la rivolta, l'adattamento a particolari norme per conquistarsi una pace interiore indenne da conflitti, sono tutte vie che l'umanità ha già battuto invano. Lo provano le varie religioni che, a mio parere, hanno sempre condotto al fallimento. Può darsi invece che le cose cambino con un approccio completamente diverso, che non implichi nè conformismo, nè obbedienza, nè imitazione, nè identificazione con principi, immagini, formule. Non una via, un"metodo", ma un accostarsi al problema in maniera affatto differente.

Credo che valga la pena d'esaminare insieme la possibilità d'una vita umana fondata su un totale ordine interiore, pur senza costrizioni, imitazioni, soppressioni o sublimazioni; muovere insieme alla scoperta, non di un nuovo stampo ideologico, ma di una vivente qualità. Esiste una pace, un'internaquiete che non venga meno in alcun momento? Qualunque essere umano che indaghi con intelligenza si imbatte necessariamente in questa domanda.

L'umanità ha accettato la guerra come componente del vivere, ha ritenuto il conflitto condizione congenita dell'esistere quotidiano. Odio, gelosia, invidia, cupidigia, brutalità, fonti inesauribili d'inimicizia, vengono considerati reazioni naturali. Se fosse così, non rimarrebbe che contentarsi della società quale è. Se si accettano competizioni, ira, rancore, avidità, ci si trova inseriti agevolmente negli schemi di una socialità rispettabile. Così accade alla maggior parte di noi, che della rispettabilità non sa assolutamente fare a meno.

Devo ricordarvi che, come dicevamo l'altro ieri, ascoltare qualche frase o accogliere qualche idea non approderà a nulla. Il tentativo che stiamo conducendo insieme è d'esaminare la nostra mente, il nostro cuore, il nostro modo di pensare, sentire e agire nella vita d'ogni giorno; cerchiamo di comprendere ciò che effettivamente siamo, :13n ciò che dovremmo essere siamo già stati. Di conseguenza se ascoltate davvero, prestate orecchio a voi stessi e non a chi vi parla. Osservatevi mentre pensate, sentite, agite; vi accorgerete che, fino a quando si accetta il costume sociale, ci si deve conformare all'aggressività, norma del vivere cosiddetto moderno, rassegnandosi alla inevitabile violenza della guerra. E l'esistenza diventa un campo di battaglia.

Ma se non lo si accetta — e nessuno che abbia un senso religioso della vita può farlo —, come trovare un ordine interno del tutto inattaccabile dall'esterno? Una intima tranquillità che non chiede d'esprimersi ed è in se stessa benedizione? Si può raggiungere un tale stato e vivere in esso? Finora queste domande non hanno trovato risposta. Ma forse stamane riusciremo a penetrare addentro alla questione e a scoprire coi nostri soli mezzi se esiste, non un'idea, un concetto dell'ordine interiore, ma una condizione concreta di vita assolutamente tranquilla, una condizione di somma e pacata vitalità. Credo che una simile scoperta conferirebbe valore ai nostri incontri, che altrimenti non avrebbero senso. Dunque procediamo. Sono tentato di ripetere la vecchia storiella d'un grande discepolo che si recò dal suo dio, chiedendo che gli venisse insegnata la verità. Ma quel dio che, poveretto, aveva sete, gli chiese a sua volta:"Amico mio, fa tanto caldo; portami per favore un bicchiere d'acqua". Il discepolo s'avviò, bussò alla casa più vicina e si vide aprire la porta da una bellissima fanciulla. Se ne invaghì, la sposò ed ebbe quattro o cinque figli. Una stagione il tempo si guastò e cominciò a piovere e piovere a non finire. I torrenti ingrossati fecero straripare i fiumi, le strade furono inondate e le case spazzate via dall'acqua. Il discepolo tentò di mettere in salvo moglie e figli, portandoli sulle spalle; quando si vide sul punto d'essere travolto implorò:"Signore, ti prego, salvami"! Ma il dio:"Dov'è il bicchiere d'acqua che ti avevo chiesto"? È un aneddoto abbastanza significativo per la maggior parte di noi, il cui pensiero si proietta nel futuro, tutto traducendo in termini di tempo, quasi che l'ordine interiore ne sia il portato e la tranquillità si possa mettere insieme un poco alla volta, un giorno dopo l'altro. Il tempo non arreca ordine nè pace. Perciò è molto importante comprendere come arrestarne il processo, come smettere di pensare fondandosi sulla gradualità. È un compito immenso, che equivale a scoprire concretamente che non esiste un domani di pace. La pace e l'ordine o sono nel presente o non sono affatto. Di conseguenza ci tocca affrontare, in tutto il suo strutturarsi, la natura del conflitto. Lo faremo insieme, non soltanto chi parla, fungendogli voi da ascoltatori o seguaci; indagheremo insieme, in un rapporto che esclude qualsiasi autorità. Dove vige l'autorità non può mancare l'interno disordine. Dato che l'indagine, la scoperta, la comprensione saranno in comune, dovrete lavorare sodo quanto chi vi parla, essere quanto lui responsabili.

Ci rendiamo conto del nostro interiore disordine, del nostro stato di conflitto, che esternamente si manifesta con le guerre e le sue sciagure. Cominciamo allora a chiederciperchéviviamo nel disordine,perchéci scontriamo con qualcosa o con qualcuno ogni giorno, dal mattino alla sera, fino al momento della nostra morte. Quando la domanda ci si presenta, noi orispondiamo che la vita è così e nulla si può fare per mutarla o aspettiamo da un altro una risposta che non sappiamo trovare da soli. Ma se interviene un altro a indicarci la natura del conflitto, a dirci come si osservano il disordine, il caos, la confusione che regnano in noi, è chiaro che non abbiamo scoperto nulla di nostro.

Perciò è assai importante come affrontiamo ilperchédel nostro stato di conflitto. Se non cerchiamo più chi ci dia la risposta, se siamo liberi dall'autorità altrui, la nostra mente possiede già lachiarezza necessaria a vedere. Come per avanzare spediti, per ascendere una montagna non ci si deve gravare di molto bagaglio, così per affrontare la complessità di un problema bisogna alleggerirsi di qualunque autorità e avanzare illuminati e liberi. Ascoltare, agire, osservare hanno senso nella libertà; in essa soltanto possiamo chiederciperchécoviamo in noi un sì perpetuo, terribile, esiziale conflitto.

Ma a questo punto, messo di fronte al mio disordine interiore, su che appunterò lo sguardo? Sulle cause e le persone che l'hanno provocato, sulla distanza che corre fra il mio stato e quello ottimale? Oppure sulla effettiva e globale natura del conflitto? Non mi importa con chi sia in disaccordo, non cerco aspetti periferici del problema; voglio sapere addirittura quale suo naturale potere consente al conflitto d'esistere. Questa domanda mira al centro della questione; ed è cosa del tutto diversa che il cercare la soluzione di controversie particolari. Così sta dinanzi a me, e forse anche dinanzi a voi, il nodo del problema; mi appare chiaro che la natura del desiderio è tale da condurre al conflitto qualora non venga ben compresa.

Il desiderio è contraddittorio, non soltanto negli oggetti a cui tende, ma anche nella sua stessa natura. Non per questo va controllato, represso, distrutto o sublimato. Il seme del conflitto non è nel desiderare acquisizioni, successi, una casa più bella, una migliore cultura, ma nel sentimento in sè, qualunque ne sia lo scopo. Devo quindi preporre la comprensione del desiderio a quella del conflitto, tenendo presente che comprendere equivale a non condannare,giustificare o sopprimere. Perciò rimango consapevole e attento davanti alla natura del desiderio, che mi si rivela contraddittoria e generatrice di disordini.

E vedo quel che accade entro di noi: viviamo in conflitto con noi stessi, continuamente volendo o disvolendo questa o quella cosa, desiderando di più o di meno di ciò che è. Siamo in un perpetuo stato di contraddizione, alla cui origine è il desiderio, vale a dire, il bisogno di evitare il dolore e di cercare il piacere.

Scorgo le radici di ogni conflitto nella perpetua bramosia di rifiutare, di possedere, di procurarsi piacere mediante il sesso e mille altri mezzi scoperti o subdoli. Ma la via del possesso e del piacere è anche quella della frustrazione e del dolore; di conseguenza è anche quella della contraddizione. Desideriamo pensare in un modo e non nell'altro, essere in un modo mentre in realtà siamo tutt'altra cosa; vogliamo che trionfi la fratellanza umana ma siamo legati alla nostra nazione, alla nostra chiesa, al nostro dio, alla nostra casa, alla nostra famiglia. Viviamo così in un'eterna contraddizione. E sarebbe inganno credere che possa essere conciliata; vi porremo fine invece cominciando a comprendere la totale natura del desiderio.

In tutto il mondo, dall'oriente all'occidente, molti si affrontano col problema del conflitto interiore; sono le persone cosiddette religiose, non certo gli uomini d'affari o i burocrati, i quali non hanno interesse alcuno per simili questioni. Gli uomini di religione, individuando nel desiderio l'origine prima del conflitto, van predicando che bisogna controllarlo, reprimerlo, eliminarlo o elevarlo. Ma con quali conseguenze? Fra i preti cattolici si fa sentire la ribellione con la richiesta di poter contrarre matrimonio; nei monasteri si è troppo interessati a ciò che accade all'esterno. D'altra parte il tormento del reprimersi o del distorcersi, la brutale disciplina del volersi conformare a un modello nulla hanno a che fare con la ricerca della verità e non conducono certo alla pace interiore. La verità è solo della mente del tutto libera, del tutto salva da distorsioni.

A far fronte al problema del desiderio non giova nemmeno la comprensione intellettuale. Ma quella dell'intelletto è davvero comprensione? Quando si crede di comprendere intellettualmente, si è colto il significato delle parole e non del fatto. Comprendere, in realtà, non può avere altro senso che rendersi immediatamente consapevoli del fatto. In tal caso è lo stesso che agire. Ma torniamo all'indagine sul desiderio.Perchéęsiste il desiderio? Che cosa v'è in esso di sbagliato? Quando si vede una bella casa, il pittoresco corso di un fiume, lo splendore di una nuvola al tramonto sopra le montagne, si prova un forte godimento dei sensi, un piacere che viene dai colori e dalle forme. E• che c'è di male?Perchésoffocare questo senso di gioia? Quando si scorge la bellezza in un volto,perchénon desiderare di contemplarla? Il desiderio al suo insorgere è fenomeno affatto normale e semplice, non richiede indagine. Nasce dal vedere, dal focalizzare l'attenzione sulla cosa vista, dalla sensazioneche se ne prova. Ma quel che noi intendiamo con questa parola comincia nel punto in cui il pensiero s'impadronisce della sensazione.

Io guardo un viso armonioso, ben proporzionato, intelligente, vivo, non compiaciuto di sè e della propria bellezza, che in tal modo ne sarebbe cancellata; lo guardo e ne traggo una sensazione. Subito dopo interviene il pensiero con le sue mire di conquista, possesso, vincolo sessuale, mettendo in moto il consueto processo contraddittorio. Così il pensiero ha pervertito le reazioni iniziali. Ma reagire è cosa naturale, normale, sana. Sarebbe assurdo vedere la meravigliosa luce d'una nuvola e non gioirne. Però il pensiero vi si sofferma, ne fa un piacevole ricordo, esige che il piacere si rinnovi. Così il desiderio, come naturale attrazione verso ciò che è, e il pensiero come ricerca di piacere, sono sempre in conflitto fra loro.

Badate che queste sono spiegazioni ordinarie che, in quanto tali, non hanno alcun valore. Quel che vale è osservare l'originarsi del desiderio, l'inframmettersi del pensiero, il suo memorizzare il piacere per alimentarlo e farlo continuare.

Inoltre, come abbiamo detto l'altra volta, il pensiero è frammentario e quindi contraddittorio, Perciò anche il desiderio, alimentato dal pensiero, è frammentario e contraddittorio. La nostra vita è tutta una interna contraddizione dalla mattina alla sera, fino al momento della morte. E ora lo vedo, non in teoria, non con l'intelletto, ma come dall'alto di un monte vedo nella sua bellezza l'intera vallata: il fiume, gli alberi, la gente, le case, i colori. Così ho innanzi a me questo quadro e capisco che non ha senso pretendere di mutarlo. Che faccio allora? Qualunque cosa faccia mi verrà dal pensiero che desidera cambiare le cose e ne accresce la contraddizione.

Dunque sono dinanzi alla totalità della contraddizione. Osservo come si origina, come conduca al disordine, come sia impossibile che l'ordine venga istituito dal pensiero; comprendo come, per natura, il pensiero sia frammentario e limitato, semplicemente un derivato e una funzione della memoria che è fatta di frammenti e quindi causa di contraddizione. L'intero fenomeno si dispiega alla mia indagine. E il fatto di vederlo è azione non più contraddittoria.

Facciamo un esempio comune. lo mi accorgo d'essere tardo, stupido; la reazione è che voglio essere più svelto, vivace, intelligente. Che è accaduto? Il mio voler essere migliore entra in conflitto con la mia stupidità; e il conflitto accresce la mia scarsezza d'energie. Se invece vivessi senza contraddizione nella consapevolezza d'essere stupido, sarei capace di comprendermi e non sarei più stupido.

Lo stesso avviene se sono invidioso. Posso osservare l'invidia o gli stati affini come l'odio e la gelosia, senza ricorrere alla qualità opposta, senza ambire a correggermi, senza analizzarne le cause contingenti? Posso mettermi in rapporto con le cose, evitando che si intromettano altri fattori di conflitto? Già l'invidia è per natura antagonistica. Io sono questo e vorrei essere come quello; e dove c'è un confronto, c'è in potenza un conflitto. Ma non significa che si debba essere soddisfatti di come si è,perchéanche in ciò sarebbe causa di conflitto. Esiste allora un guardare l'invidia, che non accresca la contraddizione? Si può guardare così la bella casa, il giardino fiorito di un altro? Il conflitto è ineliminabile finchè esiste la divisione;e la funzione naturale del desiderio, alimentato dal pensiero, è di dividere.

In verità per raggiungere un ordine interiore, una interiore quiete, una mente che mai nessuna circostanza faccia cadere in conflitto, è necessario comprendere tutta intera la natura del pensiero e del desiderio; e tale comprensione puòaver luogo solo quando il pensiero cessa di perpetuare la confusione.

(A un ascoltatore che si alza per domandare). Un momento, vi prego, un momento. Lasciateci prendere fiato. È curioso che veniate con questioni già pronte e non ascoltiate il presente discorso. Vi interessa più la vostra domanda che quel che sentite. Aspettate un poco, siate pazienti. Abbiamo parlato di cose molto serie, che vanno considerate a lungo, indagate in profondità. E se davvero vi siete spinti fino in fondo a voi stessi, non è possibile che facciate domande tanto presto.

—Come impedire che su quello che voi dite si formi una nuova religione, una nuova dogmatica, una nuova chiesa, un nuovo prete o interprete?

—Temo che nessuno possa impedirlo se non voi stessi. Se avete la stoffa del seguace, corromperete ogni cosa e inventerete una nuova setta, una nuova religione, un nuovo dogma, un nuovo prete. E sarà tutto pattume. Uso scientemente questa parola. Dunque dipende da voi che diventi o no un modo d'acquistare importanza, prestigio di conoscenza o d'altro genere. È molto semplice.

—Può la libertà dal conflitto verificarsi mentre si è nel sonno profondo?

—Non so che cosa accada nel sonno profondo; so però che la libertà mi occorre mentre sono sveglio, mentre sgobbo nel mio angolo d'ufficio, mentre cerco la pace nella mia famiglia e in me stesso. Tuttavia il sonno completamente privo di sogni è qualcosa di straordinario. Non è questo il momento di parlarne. O forse sì? L'interrogante mi chiede se la libertà dal conflitto si può avere nel sonno profondo. Ma se non c'è nellaquotidiana vita di veglia, come può esserci nel sonno? Tuttavia la domanda implica l'intero problema del sonno e dei sogni.

Gli psicanalisti, persone autorevoli e alla moda, affermano che bisogna sognare, altrimenti c'è qualcosa che non funziona. Noi non ci siamo mai chiestiperchésogniamo e se è possibile, non soltanto nei momenti di solitario raccoglimento, ma anche nel sonno, una calma della mente in cui sia cessato ogni conflitto, ogni problema, ogni sogno. In questa calma la mente può rinnovarsi e tornare giovane, fresca, innocente. Quando invece è assillata senza posa dai suoi problemi, dalle innumerevoli contraddizioni del desiderio, non potrà fare a meno di sognare.

Importa dunque, non interpretare i sogni, ma capire che significa sognare. È davvero necessario? Voi sognateperchédurante il giorno vi affaccendate in interessi esteriori: la cucina. i piatti, i bambini, la radio, la televisione, i giornali, gli alberi, i fiumi, le nuvole e quant'altro occupi la vostra attenzione. Così l'inconscio non si fa sentire. È ovvio che, se la coscienza di superficie è indaffarata, gli strati più profondi non possono comunicare se non durante il sonno, quando essa è, non interamente quieta, ma assopita. Io non sono psicanalista, nè ho di queste cose una conoscenza specialistica; osservo il fenomeno, come siete in grado di fare voi stessi.

Dunque, quando dormite, la mente superficiale tace e lo inconscio fa affiorare le sue intimazioni, i suoi conflitti, le sue angosce, che si configurano nei sogni, in segnali di cui, destandovi, tentate di decifrare il senso. Può darsi anche che la spiegazione vi si riveli man mano che sognate e al risveglio la mente sia già sgombra e chiara. Comunque avrà avuto luogo un dispendio d'energia nel sonno. È davvero inevitabile il sogno? Se durante il giorno siete realmente desti; se siete presenti in ogni pensiero e sentimento; se nessun moto d'ira, amarezza, invidia, rancore, gelosia sfugge alla vostra osservazione; se vi vedete quando vi si adula, insulta, trascura, abbandona; se l'albero, il fiume, il mondo esterno e quello interno sono sempre nel fuoco della vostra consapevolezza, allora la psiche, la parte coscientecome quella inconscia, è tutta allo scoperto. Avvertite le segnalazioni inconscie senza che occorra il sonno notturno. Allora, vivendo di fronte a voi stessi quali siete nelle reazioni della mente e del cuore, vale a dire conoscendovi nella concretezza dei rapporti con l'esterno e l'interno, godrete d'un sonno senza sogni.

La mente, libera dal conflitto, s'è fatta capace di rinnovarsi di continuo. Questa non è una teoria da tradurre in applicazione pratica; è lo stato della mente, che, per sua natura, è sereno, quieto, silente. Essa soltanto può scorgere la bellezza della vita; essa soltanto imbattersi in qualcosa che è di là dal tempo.

Giovedì 13 luglio 1967.

Quarto discorso

La maggior parte di noi si dimostra molto seria riguardo a questioni banali ma non di fronte ai più gravi problemi della vita. Prendiamo seriamente la soddisfazione di desideri e piaceri, l'affermazione delnostro io, l'attività cui ci siamo dedicati. Sono seri per noi il nazionalismo, le guerre, le tradizioni, i pregiudizi, i dogmi, le fedi. Quindi esercitiamo la serietà in superficie e non mai sulle questioni di fondo.

In verità quanto più seriamente si affrontano le radicali istanze del vivere tanto più crescono il vigore, la vitalità, l'impulso necessari per arrivare fino in fondo.

Ritengo che oggi, sotto questa tenda, dovremmo, se non altro mentre parliamo, essere chiari e seri in tutto ciò che diciamo. Spiegavamo nei precedenti incontri quale straordinaria importanza abbia realizzare in noi una rivoluzione psicologica che ci porti completamente al di fuori della società. Rivoluzioni in senso economico, sociale o ideologico ce ne sono state molte, provocando purtroppo immense rovine e miglioramenti marginali. Ma il problema del rapporto fra tutti gli uomini è rimasto irrisolto.

Qui, parlando di rivoluzione, miriamo alla psicologica struttura della società della quale costituiamo parte. A quel chesembra, questo è uno degli aspetti che non prendiamo sul serio; infatti non ci siamo mai curati di conoscere a fondo il nostro essere psicologico, creatore di una società tanto corrotta, tanto priva di senso. E mai ci siamo seriamente chiesti come districarci dai lacci di una tale società. Tuttavia è bene che vi sia qualcuno, un gruppo di persone non organizzato attorno a un dogma, a una fede, a un maestro; persone mosse dal serio e totale impegno di rendersi consapevoli della loro psiche, nonchè del tessuto psicologico della società,perchéconvinte che è necessaria una radicale rivoluzione interiore che metta fine alla violenza, all'odio, all'antagonismo, a una vita spesa tutta nel piacere e nell'evasione. Desiderio e piacere non sono certo amore. Noi confondiamo una casa con l'altra, in realtà non cercando che il piacere in tutte le sue forme: sensualità, ambizione, successo, A ciò dedichiamo la massima attenzione, persuasi che si tratti di un naturale imperativo.

Ebbene la ragione di questi incontri sotto la tenda e dei discorsi che vi si tengono è di sapere se siamo individualmente capaci di una completa serietà; la quale, essendo per sua natura un atto di consapevolezza, è la sola in grado di promuovere la rivoluzione di cui parliamo.

Dunque non ci troviamo qui per sottostare a una propaganda, per goderci un soggiorno comune, per conformarci a un modulo ideologico. Siamo degli esseri umani che vogliono indagare sul complicatissimo problema del vivere senza appartenere a gruppi, società, nazioni, religioni, chiese, ideologie e altre assurdità.

Perciò durante questi giorni tenteremo una serietà che non accetta, non condanna, ma osserva i processi psicologici interiori in rapporto con quelli della società; una serietà che, partecipe della natura della consapevolezza, è in sè azione rivoluzionaria. Questo importa e null'altro. Se ci interessassimo d'altro, ricadremmo nella superficialità, nel separatismo, nell'odio, nella guerra.

Interessiamoci dunque dell'azione e non dell'ideologia; di un'azione che non si conformi al comunismo o al capitalismo,a concezioni e timori religiosi; dell'azione di una mente che, liberatasi da ogni legame psicologico con la società, è divenuta la essenza della religiosità.

Religiosa è la mente consapevole non solo delle circostanze esterne, dei processi che costituiscono la società nella complessa vita di rapporto, ma anche dei propri meccanismi interiori, di come pensa, sente, agisce. Religiosa è la mente non più frammentaria, non più occupata con i particolarismi dell'io, con questa o quella società, cultura, dogma, ma interessata soltanto alla totale comprensione di sè e, di conseguenza, dell'essere umano.

Ciò che siamo all'interno si riflette all'esterno e lo forma. Potete organizzare l'esterno con tutte le leggi, le intimidazioni, le pene e le torture che volete; se non ha luogo un mutamento, una rivoluzione all'interno, il vostro edificio andrà in pezzi. Chiudete l'uomo entro un calco strettissimo, come è stato fatto nei paesi comunisti; egli prima o poi l'infrangerà.

Nel mondo confuso, infelice, dilaniato in cui viviamo è possibile attuare una rivoluzione entro noi stessi, in quanto esseri umani e non seguaci di un partito rivoluzionario? Ecco l'istanza fondamentale che impegna tutta la nostra serietà; non se siamo cristiani, cattolici o protestanti; non se rientriamo entro l'una o l'altra delle infantili strutture create dalla paura umana.

Domandiamoci che cosa ci interessa davvero nella vita, oltre le esigenze pratiche d'ogni giorno. E non contentiamoci di una risposta facile e pronta. Credo che, se ci interrogassimo con la dovuta attenzione, vedremmo che quel che ci sta a cuore sono denaro, posizione, prestigio, fama, a meno che non preferiamo, più fisicamente, soddisfazioni sensoriali o sessuali.

Occorre aprire bene gli occhi su questo fatto da cui la nostra vita prende forma e direzione: la maggior parte di noi persegue, all'interno come all'esterno, il piacere; e sul piacere si fonda la struttura della società che ci circonda. È cosa da capire con molta chiarezza dato che, dalla nascita alla morte, in modo scoperto o subdolo, banale oastuto, corriamo dietro al piacere, denominandolo dio o impegno sgelale a seconda delle personali inclinazioni e esigenze.

E una volta di fronte a una contraddizione così semplice, chiediamoci che cosa implichi. lo voglio il piacere, lo cerco mediante l'ambizione, l'odio, la gelosia e mille altri mezzi. Ma se riuscissi a comprendere, a vedere coi miei occhi di che cosa è fatto, quale natura abbia, ne andrei in cerca con consapevole e logico realismo accettandone anche le paure e i dolori, oppure me ne libererei per una vita di pace.

È dunque importantissimo comprendere la natura del piacere senza condannarlo o legittimarlo, senza celarlo in una piega della coscienza affinchè non riveli all'indagine attenta che terribile fonte di dolore sia. Bisogna affrontare il problema assai da vicino ma con delicatezza e cautela, rimuovendo opposizioni e resistenze con l'attenzione dovuta a un'istanza tanto basilare che, se viene a mancare, se se ne interrompe la continuità e la urgenza, la nostra vita non ha più nè sapore nè significato. I pensatori di tutto il mondo, convinti che il piacere non giovi alla saggezza, inventano filosofie e teologie, cedendo agli astuti piaceri dell'intelletto.

Invece le persone veramente serie non schiveranno il piacere ma si domanderanno che cosa sia, ne metteranno in luce la natura al cui dominio soggiace la nostra esistenza.

Dunque non condanniamo il piacere, non dichiariamolo un bene o un male. Mettiamoci davanti al fatto che chi è violento gode nel ferire gli altri con le azioni o le parole; chi è ambizioso gode nello scrivere un libro e nel conseguire un successo.Perché? Che cosa rivela tale bisogno ? È consentito all'essere umano vivere in un mondo che non si regga sul piacere ma su un pieno senso di gioia e benedizione?

È quel che vedremo stamane; e lo vedremo insieme, non con un oratore che spiega e voi che approvate o disapprovate. Lo cercheremo lungo un cammino intrapreso in comune. Dovrete perciò avanzare spediti; e potrete farlo solo se sgombri di pregiudizi e opinioni.

Che cosa induce la mente a perseguire sempre il piacere?

Perchéesso è sottinteso in tutto quello che di nobile o ignobile facciamo?Perchéimpigliati nella sua trama, fitta o sottile, accettiamo rinunce, sacrifici, dolori? Che è mai il piacere? Vi siete posta una simile domanda, scandagliandola a fondo? La risposta più ovvia è che nasca da percezioni sensoriali. Voi mi piacete o non mi piacete; ai miei occhi avete o non avete un aspetto simpatico. Belle sono la forma e la luce di quelle nuvole, di quelle montagne contro l'azzurro del cielo.

Una percezione dei sensi è all'origine del godimento di un viso ben proporzionato, intelligente, espressivo. Più tardi, con la memoria di quel godimento sensuale, intellettuale o estetico, nascerà il bisogno di riassaporarlo. Ieri sera sulla vetta di un monte una nuvola s'illuminò del sole calante; guardandola, scomparve a un tratto entro di noi l'osservatore e fu solo la splendendente bellezza del tramonto. La mente ne serbò traccia e ora il pensiero vi si sofferma chiedendo il ripetersi dell'esperienza. È un evento comunissimo della nostra vita quotidiana; e non importa se si tratta d'esperienza estetica, sensuale, intellettuale o d'altro genere.

Quindi il pensiero ha una gran parte nel meccanismo del piacere. Assorto nella contemplazione del tramonto mi ero liberato di me stesso, di tutte le mie preoccupazioni, miserie, angosce; null'altro esisteva se non quella celeste meraviglia. Ma un momento dopo era sparita. Ora il pensiero, volendone riassaporare la bellezza, ne alimenta il ricordo. Così accade per l'ambizione, per il bisogno d'essere importanti; il pensiero traduce in immagini la memoria delle sensazioni e ne prolunga indefinitamente ildesiderio. Ma se il desiderio, quale creatore del piacere, viene rifiutato o represso, subentrano conflitto, dolore, paura. È un processo molto semplice. Vi prego, osservatelo in voi stessi, altrimenti le parole non avranno significato che valga. Una spiegazione verbale è come il fruscio fuggevole di una corrente; se invece vi servite di chi vi parla come d'uno specchio che rifletta l'essere vostro, verificherete quel che udite con quel che accade in voi e ne scoprirete l'enorme portata. Spero che lofacciate, polche comprendere il piacere, e quindi il dolore, è la condizione per liberarsi dalla paura.

Una mente che non veda con chiarezza che cos'è la paura vive nelle tenebre e nella confusione. La paura è spesso causa di violenza. E tutta la struttura psicologica della società, nonchè la esistenza sociale del singolo sono aggressive e violenteperchéfondate sul piacere e sulla paura. Non giova coltivare ideali e principi di non violenza. Come dicevamo l'altro giorno, le ideologie, tanto comuniste che delle varie chiese o delle varie persone importanti, sono ugualmente stolte e insensate. Ha senso invece comprendere la paura, vale a dire aver condotto a fondo l'indagine sulla natura del piacere.

Il piacere coinvolge il dolore nè l'uno può essere separato dall'altro; sono come le due facce d'una medaglia. Ma, per affrontare il problema del piacere, occorre rendersi perfettamente conto delle sue sottili implicazioni. Pensate a come parla chi possegga un potere qualsiasi o che sia a capo d'una qualche vana e sciocca organizzazione. Pontifica come divinamente ispirato. Ciò dimostra l'importanza che ha per lui il piacere d'essere potente. Anche un poco di celebrità, un poco di successo intellettuale bastano a cambiare le maniere e l'aspetto di un uomo. Però al piacere s'accompagna inevitabilmente il dolore e il dolore conduce alla paura; e non soltanto delle cose gravi, come la morte, la solitudine, il nulla, ma anche di quelle superficiali, come il giudizio del prossimo, le prevenzioni del capufficio, lo amore della moglie o del marito. E soprattutto la paura di non vivere secondo l'immagine che si è concepita di se stessi. Dunque non solo la paura dell'ignoto ma anche del noto.

Tutte partecipano di un'uguale natura e vanno dissolte, non certo negando e reprimendo, ma comprendendo l'intero edificio psicologico fatto di piacere, dolore, paura. È necessaria per questo la consapevolezza che viene dall'osservare limpidamente se stessi, dal vedersi quali si è; se manca l'autoconoscenza, il processo piacere-dolore-paura non avrà mai termine.

Conoscere se stessi equivale a inerire a una cosa vivente nel suo complesso e perpetuo muoversi, mutarsi, trapassare. È quindifunzione di una mente che non ricorre più ad alcun confronto, giudizioo giustificazione. La vita è un'immensa corrente che non può essere imprigionata nelle personali idiosincrasie e aspirazioni, pur facendone esse parte. Se tentate di conformare il suo moto alle vostre esigenze private, vi troverete sempre in conflitto. In verità la mente, che ha compreso la natura del piacere e si è liberata dalla paura, non è più violenta, può vivere in pace con se stessa e col mondo.

Forse ora possiamo discutere, attraverso le vostre domande, su ciò di cui abbiamo parlato stamane.

—Come possiamo fidarci di chi parla, sapere se dice la verità? Come possiamo convincerci che ci guida sulla strada giusta?

—Ci siamo forse occupati di fiducia e di capacità di guidare? Guide ne abbiamo avute anche troppe e di qualunque specie. Non ne siete ormai sazi? Non vi siete decisi a metterle da canto e a camminare con le vostre gambe? Dopo due milioni d'anni andate ancora in cerca di maestri? Il maestro corrompe il seguace e il seguace il maestro.Perchéci si dovrebbe appoggiare alla fede in qualcuno?

Chi vi parla non domanda fede nè si pone come autorità; l'autorità di ogni specie, ma soprattutto quella che interferisce sull'azione del comprendere, è il pericolo più grave e malefico. Perciò noi non ci curiamo di guide e nemmeno di colui che parla. Ognuno di noi, in quanto essere umano, deve essere il maestro, il capo, la guida e il discepolo di se stesso, se non vuole andare incontro al fallimento. Le chiese, i leaders politici, coloro che decidono le guerre o pretendono di edificare una meravigliosa nuova società, non hanno concluso nulla. La responsabilità è soltanto nostra; tutto dipende da noi che, in quanto esseri umani, riassumiamo l'umana esperienza. Perciò dovete diventare estremamente consapevoli di voi stessi, di ciò che dite, di come lo dite, di quel che pensate, dei motivi che vi spingono a cercare il piacere.

—Che rapporto corre fra piacere e paura?

— Non lo vedete? Vi occorre davvero una spiegazione? Se non riuscite a soddisfare il vostro piacere che accade? Non ve ne siete mai accorti? lo desidero una cosa da cui mi riprometto grandissima soddisfazione. Se incorro in ostacoli che me la impediscono provo contrarietà, delusione, rivolta; e son tutti aspetti della paura.

Ma esaminiamo meglio la questione. Io mi propongo uno scopo che mi procurerà fama, successo, prestigio, cioè molto piacere. Se non posso raggiungerlo come reagisco? Quando vi inibite il piacere di fumare, di bere, di avere rapporti sessuali o altro che sia, non vedete il conflitto, il malcontento e l'ostilità che insorgono in voi? All'origine c'è la paura. Quando si desidera una cosa si ha sempre paura di non ottenerla. O forse se vedete contestata dalla logica e dai fatti l'ideologia cui vi siete aggrappati per anni, non avete paura dell'isolamento? Da quella fede vi derivavano piacere e sicurezza: ora vi sentite inutili come gusci vuoti. E la paura vi avrà in suo potere finchè non troverete un'altra fede, un altro piacere. È una cosa tanto semplice! Ma ci sfugge appunto per la sua semplicità, dato che amiamo crederci molto complicati.

Se vostra moglie se ne va con un altro non vi torcete di gelosia e di odio per chi ve l'ha rubata? E che è questo se non paura di rinunciare al proprio piacere, al dominio sull'altro, alla compagnia, alla stabilità che ne derivava?

Troviamo difficile scorgere i fatti più elementariperchéla nostra vita ha perduto il senso della semplicità. E non intendo la rinuncia puerile e assurda praticata dai santi con la limitazione delle vesti, del cibo o d'altro, bensì la semplicità della mente che guarda le cose direttamente, che scorge se stessa quale è, senza paure o distorsioni. E se è bugiarda si vede come bugiarda, non più fuggendo, nascondendo, trovando scuse.

Perciò quando avete paura, sappiatelo, abbiatene piena consapevolezza.

Domenica 16 luglio 1967.

Quinto discorso

Ci siamo ripromessi di trattare il problema della paura. È un argomento che forse si protrarrà per più di un incontroperchéalla importante questione centrale molte altre si connettono. Inoltre credo che, prima di affrontare l'indagine in tutte le sue implicazioni, dovremmo comprendere la natura della libertà.

Che significa per noi libertà? Ne abbiamo veramente bisogno? Non sono affatto sicuro che la maggior parte di noi intenda spogliarsi completamente d'ogni fardello. Aspiriamo piuttosto a una ideologia, a una formula libertaria piena di promesse e soddisfazioni; e soprattutto che ci affranchi da quel che non ci piace.

Qui invece ci chiederemo se un genere di libertà, che non ha nulla a che fare col piacere, è davvero possibile o se è un'utopia, un concetto cui non corrisponde alcun fatto.

Tutti diciamo di voler essere liberiperchétutti ne abbiamo la tendenza e il gusto. Ma una cosa è il desiderio e altro comprendere la natura e il significato della libertà.

Anzitutto è libertà quella che ci rende indipendenti da una cosa? Si è liberi quando ci si stacca dal dolore, dall'ansietà, dall'ira, financo dalla gelosia oppure si tratta semplicemente d'una rivolta? La libertà non sarà invece cosa sostanzialmente diversa dalla reazione, una cosa che esiste di per sè, non determinata da un'altra? Non sarà natura differente dal desiderio, dall'inclinazione, dal moto reattivo? Abbandonare, mediante l'analisi e il rifiuto, un dogma è abbastanza facile perché nella fede verso il dogma è implicita la sua contestazione. A un certo punto può non apparire più conveniente, maneggevole, popolare; la logica, le circostanze possono superarlo. Allora si reagisce liberandosene. Ma è libertà questa oppure la libertà non è reazione ma azione libera in sè, non conseguente a motivi, inclinazioni, circostanze?

È consentito trovare una libertà simile ?

Si può buttare a mare il nazionalismo e sostituirlo con l'internazionalismo nell'interesse del mercato comune, preminente su qualunque bandiera. Ma sostituire al mito obbiettivi pratici cos'ha a che vedere con la libertà?

È libertà quella che un capo spirituale o politico promette a compenso d'un vostro accettare, conformarvi, disciplinarvi? O è uno stato così vigorosamente attivo da escludere ogni dipendenza, servitù, conformismo? Ma è questa la libertà che vogliamo? Essa implica una completa solitudine, una condizione al di fuori di qualsiasi stimolo, idea, esperienza ambientale.

La mente umana, sviluppatasi in una cultura esclusivamente in funzione dell'esterno e che dall'esterno deriva gusti e tendenze, sarà in grado di incontrare una libertà che è l'essenza della solitudine? Eppure unicamente da questa solitudine può nascere un rapporto con l'esterno in cui non esistono più attriti, dispotismi, dipendenze.

È una cosa da comprendere a fondo, non da accettare o negare come enunciazione verbale. Esiste realmente quella condizione di vita indipendente da guide, tradizioni, autorità, cui tende ogni persona veramente individuata? Se non esiste non c'è nemmeno libertà. E quando credete di liberarvi da qualcosa, da essa derivate una reazione che, in quanto tale, ne provocherà altre in una concatenazione di cause ed effetti. Questa non è libertà, anche se chiamate così le singole fasi del meccanismo;è solo la modificata continuità del passato a cui la mente rimane aggrappata.

Affrancarsi da una paura può essere nient'altro che reazione. Se ho superato la soggezione che mia moglie mi incuteva, poichè si tratta di un aspetto particolare della paura, non ne ho intaccato le radici e non sono un uomo libero. Ho reagitoperchénon mi piaceva subire la tirannia o il malumore di mia moglie. Questa reazione mi lascia però disponibile per un conformismo, una soggezione d'altro genere. Ad esempio, la rivolta contro la società da parte dei beatniks o degli hippies, che in se stessa è una buona cosa, si risolve nei costumi conformistici propri di questi giovani; non è quindi libertà ma reazione. Perciò, discutendo sulla paura, è necessario comprendere che sia la mente libera, rendersi conto che, dicendo libertà, di solito noi non intendiamo una assoluta indipendenza bensì il riscatto da qualcosa di scomodo, spiacevole, indesiderabile.

Non cerchiamo certo la liberazione dal piacere ma dal dolore. Eppure il dolore è l'ombra stessa del piacere; non è possibile separare i due opposti aspetti d'una medesima natura. La vera libertà trova in sè la sua compiutezza; non è reazione nè risultante ideologica; comporta una totale solitudine, uno stato non indotto da nessuno stimolo, da nessuna conoscenza, esperienza o formula.

Dunque comprendere la libertà equivale a comprendere quel che v'è d'implicito nella solitudine. La maggior parte degli uomini non è mai interiormente sola. Corre molta differenza fra l'isolamento, il trovarsi fuori dal diretto contatto con gli altri e la solitudine. E noi abbiamo costruito nell'intimo un muro di resistenza e di difesa che ci proteggesse dagli urti, che ci rendesse il meno possibile vulnerabili. Inoltre ci appartiamo spesso in sciocchi sogni idealistici che non hanno riscontro nella realtà. Questa condizione di isolato egocentrismo trasferiamo poi nella vita quotidiana, in ufficio, a casa, nei rapporti sessuali, in tutta la nostra attività. Ma isolarsi, rinchiudersi in una torre d'avorio non ha nulla in comune con la solitudine, con la completa autosufficienza; essa ha luogo soltanto se ci siamoliberati da tutte le strutture psicologiche, derivate dalle nostre reazioni nel rapporto sia con la società che con noi stessi.

Con la scoperta della totale libertà s'accompagna un senso di completa solitudine. E la mente che abbia compreso il valore della solitudine è l'unica a stabilire rapporti che non generano conflitti d'alcuna specie. Se invece elaboriamo col pensiero un'idea della solitudine, alla quale ispirarci per una nuova vita di rapporto, poniamo già le basi di uno stato di conflitto con la realtà.

La nostra indagine è partita dal problema della paura. Ma se non ci riportiamo alla fondamentale necessità di comprendere la vera qualità dell'essere soli, dinanzi alla paura non sapremo come fare.

Noi, esseri umani, che veniamo da una millenaria e vastissima esperienza di vita, siamo entità di seconda mano, del tutto prive d'originalità. Sottoposti ad ogni genere di deformazioni, conflitti, obbedienze, paure, gelosie, ansietà, ignoriamo la qualità della solitudine. Osservate voi stessi; usate,come dicevamo l'altro giorno, chi vi parla come uno specchio che vi rifletta quali siete, Quanto più avanzerete nel conoscervi tanto più vi ritroverete maturi, dato che l'immaturità è l'ignoranza di sè medesimi. Un tratto sintomatico della paura è la non accettazione di ciò che si è, l'incapacità di porsi di fronte a se stessi.

Dunque noi, così come siamo, rappresentiamo un derivato, una confezione psicologica. È evidente che, emersi da un processo di tempo, di cultura, d'esperienza, costruiti dal sedimentare di una sterminata quantità di memorie antiche e recenti, non sappiamo che sia solitudine. I nostri rapporti s'improntano tutti a ciò che è stato o a ciò che dovrebbe essere; sono quindi un campo di battaglia. Di conseguenza se si vuole comprendere che sia una giusta vita di relazione, occorre indagare sulla natura della solitudine, sullo stato di libertà, di integrale completezza.

Purtroppo la parola"solitudine"evoca un'immagine familiare. Guardate entro voi stessi e la vedrete. Quanto udite la parola, subito la riferite a un concetto, a una formula a cui cercate di far corrispondere i fatti. Ma la parola non è la cosa; bisogna comprendere e vivere ciò che è, non la sua immagine. Noi non sappiamo vivere la solitudineperchésiamo un secolare edificio di memorie tedesche, russe, europee o altro.

In verità comprendere la solitudine, viverla come stato dell'essere è una cosa straordinaria,perchéla mente è sempre nuova e fresca, non dipende più da inclinazioni o circostanze. Sarete allora in grado di conoscere voi stessi quali veramente siete, eliminando una delle principali cause della paura. Provate stamane a osservarvi nella vostra realtà e non come credete d'essere o d'essere stati. Verificate, se vi riesce di farlo senza tremore, senza false modestie, senza giustificazioni o condanne; vivete semplicemente con quel che siete davvero. Comprendete che significhi aderire alla vita reale.

Io mi osservo e scopro d'essere geloso o inquieto o invidioso. Voglio vivete con tutto ciòperchésolo vivendo intimamente una cosa sono in grado di capirla. Ma l'intimità con la mia invidia, con la mia gelosia è una delle situazioni più difficili. Se mi ci abituo, perdo la capacità di viverla. Capite? La prima volta avverto il fruscio e il movimento di questo fiume; ma dopo due o tre giorni mi sarà divenuto familiare e non lo sentirò più. Ho un quadro nella mia stanza e per parecchi giorni l'ho trovato bello nel risalto dei colori e nella profondità delle ombre; ma basterà qualche settimanaperchénon mi dica più nulla. Lo stesso accade con le montagne, le valli, gli alberi, la famiglia, la moglie, il marito.

Perciò vivere con una cosa viva come la gelosia e l'invidia significa non accettarla mai, non farci mai l'abitudine. Se ho piantato un nuovo albero, provvedo a che sia protetto dall'arsura e dalle tempeste. Così devo proteggere da ogni abitudine o condanna, devo prendermi cura del mio essere invidioso, amando, non certo l'invidia, ma l'osservarla e il vivere con essa. Se nella mia stanza c'è un serpe non lo perdo mai di vista, son consapevole d'ogni mia reazione alla sua presenza. E non nasce alcun conflitto con me stesso.

Persone come me e voi sanno davvero vivere con la realtàdell'essere loro? Siamo egoisti, invidiosi, pieni di paure; ci crediamo ricchi d'affetto e non lo siamo; basta poco ad offenderci, adularci, annoiarci. Ebbene ci è possibile vivere in questa realtà, non accettandola nè negandola ma osservandola senza morbosità, scoramento o eccitazione? Tentate e vi convincerete che gran parte della paura nasce dal non sapere vivere con ciò che realmente si è.

Abbiamo parlato prima della libertà poi della solitudine e infine della consapevolezza di sè. Dobbiamo renderci conto che ciò che noi siamo proviene dal passato e si sposta verso il futuro; e che bisogna vivere con questo movimento senza abituarsi o rassegnarsi. Se la nostra comprensione scaturisce da qui, cioè da un agire nel movimento dell'apprendere e non da un consenso intellettuale, possiamo azzardare un'ulteriore domanda: la libertà, la solitudine, il concreto e immediato contatto con l'intera struttura di ciò che è, saranno raggiunti mediante un graduale processo nel tempo?

Io non sono libero ma assillato da ansie e paure: temo il mio prossimo, l'insicurezza nel lavoro, il disamore di mia moglie, la perdita di ciò che ho ottenuto durante la vita. Potrei anche rompere a uno a uno questi vincoli e rinunciare a tutto; ma non sarebbe libertà.

La libertà può venirmi dal tempo? Evidentemente no; anzi il meccanismo del tempo è tale da imprigionarmi sempre più. Se cerco di riscattarmi gradatamente dalla violenza mercè la pratica della non violenza, ne vado spargendo il seme.Dunque è una domanda pregiudiziale quella di chiedersi se la libertà venga acquisita, o meglio, se possa giungere attraverso il tempo. La questione successiva è se la libertà si ottenga con una presa di coscienza. Quando uno dice:"Io sono libero"in effetti non lo è. La libertà di cui intendiamo parlare, non si guadagna con uno sforzo cosciente. Si trova al di là del campo della coscienza, al di là della misura del tempo. Del resto il tempo psicologico è coscienza, è dolore, è paura generata dal pensiero. Quando affermate d'avere raggiunto uno stato completamente libero, se vi osservaste con molta onestà, v'accorgereste d'essere ritornati al punto di partenza. Un uomo chesi soffermasse a constatare che è felice, vivrebbe la memoria d'un evento già trascorso. La libertà non si colloca in un momento del tempo ma sta nell'inerire al vasto moto della vita senza schemi temporali. Provate e vedrete che è possibile. Soltanto quando tutto ciò sarà ben chiaro — non però in senso verbale, a livello dell'intelletto, conquistato da qualche spiegazione si procederà a scoprire che cosa sia la paura e se è consentito scacciarla da tutto l'essere, radicalmente.

Di solito abbiamo consapevolezza, o piuttosto coscienza, delle nostre paure manifeste e superficiali. Per esempio, io ho paura dell'opinione altrui e lo so. La combatto, la trascuro o cerco di convincermi che è stupida e merita indifferenza. Mi rendo altrettanto conto delle paure nascoste negli strati più profondi della psiche? Come raggiungere queste pieghe cieche e segrete? Ma la domanda ne coinvolge un'altra ancor più seria: ha senso distinguere la paura conscia da quella inconscia? Questo è un punto da esaminare molto attentamente. Gli specialisti, i cultori della psicanalisi hanno consacrato la separazione fra le paure coscienti e quelle subliminali. Ma se date retta ai loro discorsi, o a quelli di chi ora vi parla, anzichè mettervi di fronte alla concretezza di ciò che voi siete, non comprenderete altro che teorie, principi, nozioni. Non potete conoscervi secondo Freud, Jung o chi altro sia; dovete agire direttamente. Per questo motivo la parola altrui è assolutamente priva d'importanza. Ora ci stiamo chiedendo se la paura si può dividere in conscia e inconscia. Fate attenzione a come rispondete,perchése dite che la divisione non si può fare negate l'inconscio, se dite invece che si può fare vi contentate di una formula. Osservate invece che succede quando separate le paure superficiali da quelle profonde. Gli stati superficiali o coscienti sono facilmente compresi attraverso le immediate reazioni che suscitano. Come dissotterrare e mettere in luce quel che si manifesta attraverso sogni, allusioni, cenni? Facendo seguire al fatto la sua interpretazione? Ma ciò significa cadere nel processo del tempo. O invece esiste una sola paura la cui essenza si esprime sotto differenti forme, come esiste un solodesiderio che si indirizza verso oggetti diversi? lo pavento ora una cosa e ora un'altra; ma so che, malgrado il variare degli oggetti, la sostanza della paura è una sola e non ammette divisioni. Questa è una scoperta da fare direttamentenon una conclusione logica o unarticolo di fede. È una scoperta di enorme importanza che consentirà l'indipendenza da psicologi o psicanalisti e lo sgravio da tutta la questione dell'inconscio. Comprenderete allora che la paura è un unico movimento dagli aspetti svariati; che il terrore della morte, il timore della moglie, la preoccupazione di perdere il posto o di non affermarsi, sono la stessa cosa.

E allorchè vi occuperete non degli oggetti ma del movimento in sè, vi troverete davanti a un immenso problema. È quello di come affrontare la paura, essenza indivisibile, con una mente avvezza a funzionare in modo frammentario. Io ho dinanzi a me un fatto unitario e totale, non più identificato col frammento particolare. La mente — che, come ben sapete, tutto frammenta in termini di ciò che la riguarda: mia moglie, mio figlio, il mio lavoro, il mio paese — sarà in grado di cogliere l'intero fenomeno della paura, d'osservare qualcosa che non è"suo"ma una totalità? Capite la domanda? Io ho vissuto una esistenza particolaristica; il mio pensiero è un processo frammentario, attraverso il quale soltanto posso rapportarmi con le cose. Ma per comprendere la interezza della paura è necessario un atto non più frammentario. Il pensiero tutto separa e contrappone: io vi amo o vi odio; vi considero amico o nemico; mi batto per le mie peculiari idiosincrasie, per il mio lavoro, per il mio prestigio, il mio paese, il mio dio, contro i vostri o quelli di chiunque altro. Ecco il frammentarismo del pensiero. Ma il pensiero, reazione della memoria e perciò del vecchio, non è mai nuovo, non è mai libero. E quando tenta di osservare la paura, la riduce in frammenti. Quindi la mente può guardare la totalità della paura soltanto se non c'è movimento di pensiero.

Riprenderemo l'argomento dopodomaniperchévi è ancora molto da approfondire. Volete ora che torniamo a discutere su qualcosa che è stato detto oggi?

—Voi affrontate con naturalezza un problema quale la paura e lo fate globalmente anche quando il procedimento appare analitico. Sono sicuro che non provate il minimo impaccio ma lo trattate con piena confidenza. Di che è fatta questa confidenza, da dove viene, come la si consegue?

—Come sapete che io ne disponga? Che senso ha la parola"confidenza"? Dite che me ne valgo per affrontare un problema come la paura. Ma è confidenza? Il termine implica sicurezza, abilità, esperienza nell'esame sia analitico che globale; implica una capacità da cui derivi la disinvoltura. Sentendosi fiduciosi di sè, provvisti dell'acume necessario, ci si cimenta in una questione tanto fondamentale. Perciò chiedete donde nasca tale fiducia. Cominciate con l'affermare che io ho confidenza, poi volete sapere come si fa ad averla. Ma chi vi dice che sia così? Può darsi che in me non ci sia affatto confidenza; può darsi che io non la cerchi ma ne diffidi appuntoperchéfondata sulla certezza e sull'acquisizione,perchéderivante da esperienze e conoscenze, accumulate al fine di sapersi regolare. Ma non è certo questo il modo di comprendere un problema; anzi se la indagine muove da una base prefissata, da una conclusione o esperienza posseduta, è già compromessaperchécontinua a tradurre in vecchi schemi ogni cosa vivente. Soltanto quando è scomparso qualsiasi sostegno di certezza e d'opinione, esiste la libertà d'osservare e di scoprire. E guardare con libertà significa scorgere sempre il nuovo.

L'uomo che ha confidenza è un manipolatore di cose morte, come il prete, il commissario o chiunque creda nell'autorità del suo dio, delle sue idee, conclusioni o reazioni. Sono stati costoro a produrre un mondo infelice e mostruoso. L'uomo libero, che vede direttamente senza sottofondi mentali, senza schemi o principi, sa osservare con mente chiara, ordinata, fresca, innocente. Solo questa innocenza consente di scorgere la totalità di un problema.

— Ma corre una sostanzialedifferenza fra voi che vi accostate all'intero problema senza domandare niente a nessuno e me che non ne sono capace. Di qual natura è ciò che voi fate?

— Quel che è da capire non sta nella differenza fra chi risponde e chi interroga ma nelperchél'interrogante dipenda da qualcuno. Che cosa si nasconde in ciò? lo dipendo da mia moglieelei da me. Probabilmente lei non basta a se stessa; non è feliceesi aspetta che io l'aiuti, la sostenga, la vivifichi. Lo stesso accade a me. Si stabilisce una mutua dipendenza tanto sul piano materiale che psicologico. Anch'io trovo in lei un sostegno;

ese minaccia di privarmene, se si interessa a un altro, io ne risento offesa, gelosia, paura. Così se voi dipendete da me, da chi vi parla, per trarne nutrimento psicologico, non potete evitare il sospetto d'essere indotti in errore e che, voltato l'angolo, ci sia uno psicologo più bravo, un antropologo più aggiornato e colto. Se invece comprendete la natura del dipendere, smetterete di fare affidamento su qualsiasi autorità. I vostri occhi vedranno chiaro, si apriranno alla luce dell'innocenza. E l'innocenza ha la sua propria azione.

Martedì 18 luglio 1967.

Sesto discorso

Continueremo a dibattere insieme il totale e difficile problema della paura. Dovremmo avere ben presente che non ci occupiamo di questioni periferiche ma di una radicale rivoluzione della psiche; che intendiamo comprendere tanto la struttura psicologica della società in cui viviamo che la nostra interiore. Del resto non sono separabili l'una dall'altra. Noi siamo la società, il mondo. E poichè il mondo è terribilmente confuso, antagonistico, incline alla guerra, occorre provvedere, attuando entro di noi una completa rivoluzione. Questa è in ogni caso l'esigenza primaria. Quanto più si è vigili alle condizioni del mondo, curanti non delle sue esteriori riforme ma delle sue profonde miserie e malizie; quanto più realisticamente si affrontano la natura e la struttura della propria interiorità, tanto più ci si dimostra seri.

Di solito noi riserviamo la serietà a ciò che ci promette un grande piacere, una grande soddisfazione, dato che quel che perseguiamo a ogni costo, sia col sesso che con l'ambizione, è una qualche sorta di compiacimento. Perciò sono pochissimi coloro che si pongono con serietà davanti all'intero quadro dell'esistenza con i suoi conflitti, le guerre, le ansietà, le delusioni, le sofferenze, l'isolamento.

Essere seri sui problemi fondamentali significa prestare loro attenzione continua e non sporadica, non dovuta al fatto che ci investono da vicino. La serietà dev'essere il terreno da cui traggono alimento pensiero e azione; altrimenti sperpereremo la vita in cose inessenziali che sciupano inutilmente le nostre energie. La nostra interiorità è tanto più matura quanto più è seria. La maturità non è certo questione di tempo nè d'esperienza; non ha nulla a che fare con gli anni e l'accumulo di conoscenze ma dipende dalla qualità dell'essere seri. È la chiarezza che viene da un'ampia e profonda conoscenza di se stessi.

Ma può tale autoconoscenza essere affidata al tempo, alle circostanze, agli umori, alle tendenze? Maturerà come un frutto che, dopo il sole e la pioggia, le avversità e il favore delle stagioni. è pronto per essere colto? Sottostà a uno sviluppo analogo a quello biologico? Non ha senso rimandare; occorre essere maturi ora, immediatamente, nella piena serietà interiore. Purtroppo noi maturiamo fin troppo presto fisiologicamente ma giungiamo alla morte fisica prima di avere compreso il significato della vita.

Le nostre giornate sono spese in rimpianti, rimembranze, idealizzazioni di noi stessi. Dal loro moltiplicarsi deriverebbe la maturità oppure è azione immediata, non tocca dal tempo? Rivolgete la domanda a voi stessi. E ricordate che ci troviamo qui, non per un incontro verbale che produca parole in discorsi senza fine e nemmeno — lo dico in tutta umiltà — per tesaurizzare informazioni, ma per vedere in maniera immediata e diretta. Credo che in ciò consista la qualità dell'essere maturi che esclude l'inganno, la disonestà, la doppiezza del pensiero e del comportamento.

Ci troviamo qui per scoprirci quali effettivamente siamo, senza paura, senza preconcetti su noi stessi. Ognuno possiede un qualche concetto di quel che è e di quel che gli piacerebbe essere; si ritiene insignificante, mediocre, ottuso, oppure superiore, capace di sentimenti straordinari, colmo di virtù e sapienza. Tale ritratto di noi non solo impedisce la percezione diretta di ciò che è ma si pone in conflitto con esso. A me pareinvece che la maturità sia uno stato della mente sgombro da immagini, in cui ciò che è si accampi senza conflitti. Il conflitto è segno d'immaturità. Nasca dai rapporti con la famiglia o da quelli con se stessi, con i propri desideri e ambizioni, a qualunque livello, denuncia una mente acerba, intorbidata; una mente che persiste nel cercare, nel chiedere e nello sperare,perchénon è matura.

Come dicevamo l'altro giorno, indagando assieme sul problema della paura, non ci soffermeremo sul singolo caso che ci concerne da vicino poichè ci rendiamo conto che la paura è una sola sebbene si manifesti in molti modi. Sappiamo che cambia i suoi oggetti come il desiderio, che nei giovani tende soprattutto ai piaceri sensori mentre nei vecchi si fa più sottile e complesso, restando sostanzialmente lo stesso. Importa comprendere l'unitaria essenza della paura e non la varietà delle sue forme, non la paura dei vicini, della moglie, della vecchiaia, della solitudine, di non avere mai incontrato l'amore, mai conosciuto quell'assoluto oblio di sè nel quale è la sola vera bellezza. La paura, che ha per oggetto tanto il noto che l'ignoto, va affrontata integralmente e non in un suo aspetto frammentario. Giunti a questo punto ci imbattiamo nella domanda: come percepire la totalità della paura al di là delle situazioni contingenti? Uno paventa la morte, l'altro l'abbandono, l'altro ancora l'insuccesso o il peso d'una vita grigia, meccanica, faticosa, minata dalle droghe. Sono molte le cose che ci impauriscono; e noi speriamo di eliminarle una alla volta. Ma è indizio di immaturità poichè la paura è fatto unico e totale. Dunque qual è lo stato della mente che afferra questa totalità, ne percepisce la sostanziale natura, entro di essa individuando i particolari, i frammenti, quali essi siano: l'orrore del buio, l'angoscia di camminare soli, la sottomissione alla moglie o al marito, l'insicurezza del lavoro? Se colgo il significato centrale, comprenderò tutti quelli periferici mentre partendo da questi non giungerò mai al centro.

La maggior parte di noi dinanzi alla paura preferisce chiudere gli occhi, cercare un'evasione oppure reprimersi, controllarsi. Non sappiamo stare con ciòche è. E purtroppo, data la corrotta società in cui viviamo e l'educazione che ci è stata impartita, la paura ci accompagna dall'infanzia alla morte. Ma se c'è in voi reale consapevolezza, provate ad affrontare la vostra paura, seguitene le reazioni, osservateogni cosa senza fughe, nè scuse, nè repressioni; osservatevi semplicemente. Posso io guardare la paura che ho delle malattie e non tremare, sperare, illudermi? Nient'altro che guardarla?

E qui si rivela l'importanza decisiva del come si guarda. Tutto dipende da queste tre parole: guardare, vedere, ascoltare. Siamo in grado di guardare la paura senza l'impressione che la parola evoca? Per esempio, la parola"morte"dà un brivido, una stretta d'angoscia così come la parola"amore"suscita i suoi tremori e le sue immagini. V'è un diretto contatto con la paura che non la traduca in simboli, non la giustifichi, l'accetti o la neghi ma semplicemente l'osservi? V'è quando la mente è del tutto quieta. Se voglio sentire davvero ciò che mi dite, devo smettere il chiacchierio con me stesso, il monologo interno sui casi miei; allora sarò completamente disposto ad ascoltarvi. In tal modo dovrei ascoltare o guardare la paura, o qualunque problema, senza cacciarla nè farmi coraggio nè tentare altra via. È facile guardare con mente quieta una nuvola, un albero, le acque d'un fiume,perchénon è in gioco nulla d'importante per noi. Ma quando si è preda della paura o della disperazione, quando ci si dibatte nello squallore della solitudine o della gelosia, come trovare la calma di osservarsi e vedersi realmente? Nè questa calma si può coltivare. La mente costretta alla quiete è una mente ristagnante, priva di spazio, profondità, bellezza. Quando invece urge la seria necessità di comprendere tutt'intera la paura, di liberarsi dalla sua terribile tirannia, che guasta, storce o ottenebra ogni cosa, la mente si fa quieta e intensa. È come se scopriste un serpe nella stanza: ne percepite con estrema lucidezza e sensibilità ogni spostamento, ogni fruscio. Osservare la paura equivale a vivere con essa, comprenderne i contenuti, la struttura, l'essenza, il movimento. È possibile? Avete mai provato a vivere così con qualcosa, anzitutto con voi stessi e inoltre col marito o con la moglie? Sevivete con voi stessi capireteche non siete un fatto statico ma dinamico, come tutto ciò che è vivo; e che perciò di altrettanta vitalità deve disporre la mente, abbandonando opinioni, giudizi, valutazioni. È impresa difficilissima dato che siamo abituati a vivere con le immagini anzichè coi fatti. E le immagini, anche se continuamente arricchite, son cose morte, irreali che compromettono ogni rapporto con la realtà.

La paura, fatto vivente, esige che mente e cuore siano straordinariamente duttili, svincolati da formule ideologiche, sì da seguirne ciascun movimento. Dunque vivendo con la paura e osservandola — e non è questione di giorni ma di un attimo —, dinanzi al rivelarsi della sua totale natura, in voi sorgerà inevitabilmente la domanda: Chi vive con la paura, qual è l'entità che la segue e l'osserva? Vi chiederete, cioè, chi sia l'osservatore che ne considera la varietà dei moti ed è consapevole, nel contempo, del fatto centrale, della sostanziale unità. È l'osservatore un'entità statica, un contesto di memorie e d'opinioni sul proprio conto, di mille apprendimenti, di infinite esperienze di dolore e solitudine? È un prodotto del passato, una morta confezione che pretende di seguire il vivo movimento della paura? Oppure è anch'egli un fatto vivente? Qual èla vostra risposta? Siete un'entità morta di fronte a un fatto vivo o una vita che si muove con una cosa vivente? Nell'osservatore coesistono entrambi gli aspetti. Se guardate un albero, ne avete presente la nozione botanica ma vedete anche l'oscillare dei rami e delle foglie nel vento. Potete riconoscere in esso i dati della vostra cultura, che sono cosa astratta, morta, oppure incontrarlo al di là d'ogni conoscenza acquisita, quale cosa vivente in rapporto con una cosa vivente. L'osservatore è tanto il defunto passato quanto il vivo presente; è la simbologia della memoria che viene in contatto con la concretezza dei fatti.

Esaminiamo la questione più da vicino. Quando osservate vostra moglie o un amico, e lo fate attraverso le memorie di ieri, vi rendete conto quanto il presente ne sia contaminato? Ma siete in grado di guardare senza che l'ieri interferisca in alcun modo? Il vostro presente nasce sempre all'ombra del passato, dallamemoria di ciò che fu, dai suoi piaceri e dispiaceri, dalle sue lodi e ingiurie; e ne viene guastato. L'osservatore appartiene tanto al passato quanto al presente; è perciò per metà vivo e per metà morto. Questa è la condizione in cui si rapporta con le cose.

Ma v'è una condizione in cui il passato è scomparso e il presente non è vissuto in termini di tempo? Che l'osservatore appartenga al passato è cosa del tutto evidente; è una struttura d'immagini, simboli, concetti, ideologie, custoditi dalla memoria. Ma egli è anche nel concreto presente col suo guardare, osservare, ascoltare, esaminare. In quanto guarda, osserva, ascolta, esamina, restando all'ombra del passato, non esce dall'ambito del tempo. E se ha come oggetto d'osservazione la paura, ne vede la contingenza e non la totalità. Ebbene può egli sottrarsi al processo temporale, non costituire piùl'incontro del passato col presente? Esiste uno stato in cui l'osservatore è la cosa osservata, la cosa vivente? In ciò consiste la sola reale meditazione.

È molto difficile esprimere a parole lo stato della mente in cui l'osservatore è scomparso non soltanto come struttura del passato ma come entità che si distingue da quel che osserva. Tale distinzione infatti lo rivela tuttora partecipe dell'esperienza di ieri. La coscienza di sè separata e contrapposta ai fatti è segno del confluire del passato nel presente. Questa separazione, questo intervallo di tempo e di spazio fra l'osservante e l'osservato, scompare quando subentra una qualità che non è del tempo, che non ha a che fare col passato o col presente. Soltanto allora l'osservante è l'osservato. Ma non si tratta di una identificazione.

Mi è stato riferito da uno studioso di queste cose che nell'antica Cina un pittore, prima di mettersi a ritrarre un albero, gli sedeva di fronte per giorni, mesi, anni, non importa quanto. E finalmente egli era l'albero. Non che divenisse un albero o vi si identificasse. Non c'era più contrapposizione psicologica fra lo osservante e la cosa; non c'era un esperto inteso a esperire la forma, il movimento, la profondità delle ombre, il colore del fogliame, la bellezza di quell'albero. L'uomo viveva totalmente assieme all'albero; e solo così era ingrado di dipingerlo. Anche nell'antica India gli artisti non si curavano di seguire un modo figurativo o informale di conoscere, trucchi che caratterizzano le avanguardie attuali.

Identificarsi con una cosa è abbastanza facile ma conduce a una più grave situazione di conflitto, miseria, solitudine. La maggior parte di noi, identificandosi con la propria famiglia, col proprio paese, accresce la. divisione fra gli uomini e quindi la discordia e l'infelicità.

Noi parliamo di cosa del tutto differente; parliamo di uno stato che va compreso non in senso verbale ma nella sua sostanziale realtà, non con l'intelletto ma col cuore e le radici stesse dell'essere. Vi accorgerete allora d'esservi liberati dalla paura per sempre, anzi, al di fuori del tempo. E soltanto allora saprete che sia l'amore.

Vedrete che da comprendere non è la cosa osservata, che è di scarsa importanza, ma colui che l'osserva. Perciò la paura non conta gran che; conta molto come la guardate, cosa fate o non fate, vivendo con essa. Analizzarla, individuarne le cause, chiedere, indagare, fantasticare sono indizi che rivelano unicamente l'osservatore. Quel che avete da capire è lui e non la cosa.

E quando si guarda l'osservatore, vale a dire se stessi, si scopre che non è tutto del passato, ma che al passato, alle sue memorie, speranze, colpe, esperienze appartiene ciò che egli sa. Quando uno dice:"Io so"bisogna intendere:"so quello che era ieri e ignoro quello che è oggi".

L'"io", la coscienza di sè, è il passato che s'incontra col presente, oscurandolo con la sua ombra, così come fa del futuro un'attesa, vale a dire, una sua proiezione. Egli è dunque chiuso nel meccanismo temporale di ieri, oggi, domani. La nostra mente non conosce altro essere che quello dell'osservatore, dal cui punto di vista affronta la paura, la gelosia, la guerra, la famiglia, cioè l'imprigionante istituto chiamato famiglia. L'osservatore fa sempre consistere il problema, non in sè, ma nella cosa osservata, nella nuova provocazione che la vita gli presenta; e sempre traducendo il nuovo in termini di vecchio, si pone in conflittocoi fatti fino alla fine dei suoi giorni. Nè si può comprendere intellettualmente, per via d'argomenti e spiegazioni, quale sia lo stato in cui non esiste distanza fra osservante e osservato, in cui il tempo non interferisce in alcun modo. Eppure soltanto allora la mente è in grado di comprendere una totalità, soltanto allora la paura trova completamente fine.

Finchè esiste la paura non può esistere l'amore. Che cos'è l'amore? Le interpretazioni che se ne danno sono molte: un vincolo sessuale, l'appartenenza a un altro, essere da un altro dominati o psicologicamente nutriti. A questo legame s'accompagnano sempre ansietà, paura, gelosia, senso di colpa. Ma è ovvio che dove regna un tale stato di conflitto non c'è amore. Badate che non si tratta di un aforisma ma di un fatto verificabile entro voi stessi. Adoperatevi quanto volete, ma se alberga in voi un qualche sentimento d'ansietà o di gelosia, non sapete amare. L'amore non ha nulla in comune col piacere e il desiderio; il piacere è congiunto con la paura; e una mente che viva nella paura cerca sempre il piacere. Così si è presi in un circolo vizioso. A romperlo non giova una qualunque via d'uscita; bisogna osservarlo e vivere con esso. Finalmente quando piacere, desiderio, paura sono scomparsi, comparirà qualcosa che si può chiamare amore.

—A me pare che la paura sia una necessaria forma d'auto-protezione.

—Certamente. Non solo in senso fisico, rivolto alla nostra naturale incolumità, ma anche in senso psicologico. E finchè si va in cerca di sicurezza psicologica, la paura non può mancare. Se dipendo da qualcuno che mi nutre e mi dà un tetto, sono assillato dall'incertezza del domani. La società moderna almeno quella del benessere — tende a garantire a ognuno cibo, vesti, domicilio, sopperendo alle primarie necessità materiali. Ma la paura persiste al di là della loro soddisfazione, nasce dalla istanza psicologica di sicurezza nei rapporti con se stessi e con gli altri, con le cose e con le persone. Sono state queste paure psicologiche a creare la società in cui viviamo, che, a sua volta, coi suoi particolarismi accresce le nostre paure psichiche. Cisentiamo tedeschi, francesi, inglesi, russi; vantiamo gli sciocchi nazionalismi, le diverse bandiere, i re, le regine e gli eserciti, facendoci sterminare in nome di tali assurdità. Milioni e milioni spesi in armamenti finanziano la nostra distruzione. Di conseguenza non raggiungiamo l'ambita sicurezza nemmeno dal lato fisico. Qui in Svizzera, come in Olanda o in Inghilterra, non ve ne accorgete molto; ma andate in India, nel Medio Oriente o nel Vietnam e vedrete in mezzo a quali pericoli viva. la gente. E di questo siamo tutti responsabili. Dunque è cosa di primaria importanza comprendere ciò che realmente si esprime nella sicurezza psicologica e superarne il bisogno, superare gli investimenti di interessi che chiamiamo nazionalità, famiglia, religione. Soltanto allora non ci saranno guerre e la nostra incolumità fisica non sarà minacciata.

—Perchéil morto passato ha un in/lusso tanto soverchiante sul concreto presente?

—Perchéuna cosa morta tiene sotto controllo una cosa viva? Ma è viva o pensiamo che Io sia? E se noi fossimo il morto passato che vuol vivere nel presente? Siete voi realmente vivi? Mi capite ? Cibarsi, avere esperienze sessuali, arrampicarsi sui monti sono indizio d'esistenza meccanica. Il resto non è un passato che si continua nel presente? In tal caso siete mai concretamente vivi? Non so se abbiate osservato sul serio voi stessi. Che è questo"voi"? Prescindendo dalle reazioni e dai moti organici, di che è fatta la coscienza che dice:"Io vivo"? È pensiero? È sentimento? Se è pensiero non può che essere vecchio. Provate fino in fondo la natura del pensiero come provate la paura; vedrete che è nient'altro che una modificata continuazione del passato. O credete che ci sia qualche altra entità vivente? Non certo un dio in noi, che è tuttora una cosa pensata. Essendo a tal punto insicuro di sè, a tal punto morto, il pensiero ha inventato dio, un'infinità di vita. Ma c'è davvero qualcosa nel nostro intimo che viva indipendentemente da motivi, stimoli, legami; qualcosa di non soggetto a circostanze, a inclinazioni? Penetrate entro voi stessi e scopritelo; e se saprete vivere con ciò che avete scoperto, forse riuscirete a spingervi oltre, a incontrarvi con la vita senza tempo.

Giovedì 20 luglio 1967.

Settimo discorso

L'altro giorno dicevamo che la paura e il suo superamento rappresentano un problema assai difficile, che richiede una grande comprensione, un'osservazione immune da qualsiasi tentativo di reprimere, controllare, eliminare. È necessario rendersi conto della natura e dello strutturarsi della paura, imparare tutto su di essa, avvicinarla senza conclusioni a priori.

Non so se abbiate mai riflettuto sull'atto dell'imparare. Ne vale la pena. Che significa? Ci accade mai d'imparare? E come? Attraverso l'esperienza via via accumulata? Negli ultimi cinquemila anni di storia gli uomini hanno sostenuto circa quindicimila guerre. Un bel po' d'esperienza senza dubbio. Hanno forse imparato che la guerra è una cosa terribile, da eliminare? È la capacità d'imparare questione di tempo? Durante cinquemila anni non siamo stati in grado di capire che l'assassinio organizzato è.. non so davvero che parola usare.

A che è servito un così lungo tratto di tempo? Che cosa allora ci indurrà ad imparare? Non ci sono bastati per millenni le circostanze, le pressioni, le rovine, la fame, le crudeltà. In che consiste dunque lo imparare? È una domanda molto seria, non un'esperienza scolastica. Quando ha veramente luogo l'apprendere? Si attua mediante un processograduatonel tempo? Io credo che per affrontare tale indagine sia anzitutto necessario chiarire la natura dell'umiltà. La parola non ha affatto il significato di aspra disciplina che gli attribuiscono il santo, il prete o chiunque altro riponga la propria vanità nel farsi umile. Ma è ovvio che se ho dinanzi una cosa da imparare, non devo possedere idee già fatte, conoscenze già concluse. Solo l'innocenza della mente può addentrarsi nel significato dell'umiltà; una innocenza che consiste nel non sapere, nel non ricondursi a un'opinione; una innocenza che coincide con la somma libertà.

Imparare non ha nulla a che vedere con l'accumulo d'esperienza, cultura, tradizione. Al contrario esige una mente che, in quanto è libera, si trova in istato di umiltà. Ad essa è consentito addentrarsi nel problema assai complesso della paura.

Così come siete, non potete imparare nulla sulla paura a causa della nozione che ne avete e che tentate d'applicare meccanicamente. In tal modo vi impedite d'agire. Quando scoprirete, coi vostri mezzi e non secondo le idee d'un altro, che cosa la umiltà sia, la mente, non più frastornata da concetti, giudizi, formule, sarà in grado d'apprendere.

Badate che abbiamo dinanzi una questione molto seria e non siamo qui per intrattenerci su fuggevoli curiosità. O ascoltate con la massima attenzione o è meglio che v'occupiate di altro, che andiate a passeggiare, se non vi disturba la pioggia, fra il verde degli alberi. Ma se restate, dovete lavorare sul serio.

Noi parliamo, in sostanza, di una rivoluzione, che è radicaleperchéestranea a tutte le ideologie della società; che deve attuarsi nella psiche individuale dato che la sola rivoluzione consiste nel totale mutamento del singolo. Del resto l'individuo è la collettività e l'uno è inseparabile dall'altro. Quindi,perchési trasformino le strutture sociali, deve trasformarsi l'individuo. È il problema di cui ora ci occupiamo, tentando di scoprire, di imparare a proposito di un completo rinnovamento psicologico.

Ma imparare — non ripetere, non mettere in moto la dialettica delle opinioni —, implica un alto grado d'umiltà. Purtroppo la maggior parte di noi fonda la propria vita psicologica su conclusioni, giudizi, credenze, dogmi, coi quali va incontro aifatti, senza poterli apprendere, come non ha mai appreso quale spaventoso significato abbia la guerra, l'uccisione di un altro.

Per imparare, bisogna muovere da un'assoluta umiltà. Chi cerca e accumula dogmi o formule, resisterà all'evidenza delle cose e entrerà in conflitto con se stesso e con l'ambiente, vale a dire, con la società.

Domandiamoci inoltre se l'apprendere sia questione di tempo, se l'umiltà possa venir coltivata. Coltivare equivale ad accumulare memorie nel tempo, mentre l'umiltà è l'attualità d'una mente libera.

Quando è un atteggiamento acquisito, coltivato, ha cessato d'essere umiltà; e chi è convinto d'essere umile è in effetti un vanitoso. Dunque non è disciplina o processo temporale ma percezione immediata, che qualunque idea sull'umiltà rende impossibile.

Qui sentite dire che solo una mente chiara e innocente è in grado d'apprendere; e voi volete apprendere tutto sulla paura. Ma quel che avete udito vi si è mutato in idea. Il fatto che per liberarsi dalla paura sia necessario imparare e che s'impara con l'assoluta chiarezza e semplicità mentale, è divenuto in voi un organizzarsi del pensiero, una struttura ideologica. Con le spiegazioni ricevute credete di potere imparare; invece trascinate la idea nell'azione, non imparando ma generando conflitto. Non così scorgerete la verità dell'apprendere, la verità dell'essere umili, in cui capire e agire sono tutt'uno.

Ma forse conviene avvicinare la questione in altro modo per metterla meglio in luce. Vi siete mai chiesti donde nasca il bisogno di premunirsi di idee, d'opinioni?Perchéci formiamo una immagine delle cose, nient'altro essendo l'immagine che l'idea?Perchéci regoliamo a seconda delle idee: la dignità nazionale, il diritto di uccidere, il concetto di quel che è giusto o sbagliato, le opinioni su dio, la famiglia, il prossimo? E se questo fosse un mezzo per proteggerci, per metterci al riparo dei cambiamenti, del fluire stesso della vita? Giovano le idee, — intendo come acquisizione psicologica, non tecnologica —, a dar chiarezza al'azione, oppure, essendo fatte di passato, servono a perpetuare la continuità di esso nel presente e nel futuro? Io ho imparato un dato lavoro, una funzione particolare; e applico quel che hoappreso. L'azione applicata è conforme alla nozione, è meccanica; e ripetendola io ne derivo un senso di facilità e sicurezza. Resterà essenzialmente meccanica anche se vi apporto una qualche variante.

Considerare l'apprendere come un acquisto di idee da mettere in pratica coinvolge parecchie conseguenze. Che accade se nel momento dell'agire l'idea è separata dall'azione? Qualunque idea, si tratti della concezione cristiana, comunista, capitalistica o d'altro genere, appartiene al passato; quindi se il mio comportamento si uniforma ai suoi dogmi o credenze o conclusioni, sono anch'io del passato, sono morto come chiunque sia chiuso entro memorie defunte. Quando invece siete tutt'interi nell'attualità dell'agire, — non imparando prima e agendo poi —, c'è forse posto per l'idea? Ad esempio, nel momento in cui sono adirato o geloso forse che il mio sentimento nasce dall'idea della ira o della gelosia? O piuttosto l'idea interverrà dopo, per condannare o giustificare il sentimento secondo quanto ho appreso in passato? Imparare davvero significa essere altamente sensibili; e la sensibilità è preclusa quando a dominare il presente è l'idea, fatta di passato. Di conseguenza quale comunista imbottito di marxismo-leninismo o quale borghese trincerato nella dialettica delle tradizioni, non posseggo più la pieghevolezza, l'apertura, la rapidità mentale necessarie per imparare. L'apprendimento si fonda su uno stato d'umiltà che non può diventare un acquisto: se si sedimenta come tale, la mente si irrigidisce e smette d'esser umile e innocente. Una mente chiara e sensibile non solo in senso biologico ma, quel che più importa, in senso interiore e psicologico, è cosa possibile. La maggior parte di noi ha smarrito la dinamicità tanto del fisico che della psiche. Esaminatevi e lo vedrete. Ci alimentiamo troppo, incuranti di una sana dietetica, eccediamo nel fumare; rendiamo il nostro organismo pesante e ottuso, lento nella percettività. In queste condizioni come può la mente esserelimpida e agile? Resteremo sensibili a certe cose che ci toccano da vicino ma non verso i problemi che investono l'intero valore della vita, di fronte ai quali si richiede uno stato non frammentario, non compromesso dallo squilibrio fra fisico e psiche ma capace di movimento totale e unitario.

Imparare riguardo alla paura significa imparare riguardo al piacere e al dolore. Piacere e paura vanno di pari passo. Se non ottengo ciò che voglio, cado in preda alla paura, alla gelosia, all'odio. Anche piacere e dolore sono correlati. Quindi per comprendere la paura bisogna comprendere il dolore. La vita, così com'è, mi presenta innumerevoli occasioni di dolore; e affrontarne una non porta a capire tutte le altre. In realtà v'è un'unica cosa da capire rispetto alla quale il resto è di secondaria importanza. Ma per giungere a questa totalità occorre essere integrali e non frammentari e inoltre animati da grandissimo amore.

Siete qui per imparare sulla paura; ciò equivale a imparare sul dolore e sulla sua fine; ma questo implica, a sua volta, imparare sulla passione. La parola deriva da patire e per molti di noi si connette, in un modo o nell'altro, col dolore. Siamo degli infelici che non smettono di soffrire, che non conoscono un momento di benedizione incontaminato dal pensiero, un palpito di gioia intatto da qualunque memoria. Dal giorno della nascita a quello della morte la nostra psiche è un campo di battaglia, senz'ordine nè pace. Viviamo nel dolore e nel conflitto.

Ma, come abbiamo detto, per indagare sulla natura del dolore dobbiamo addentrarci nel problema della passione. Anzitutto l'amore non è nè desiderio nè piacere. È molto difficile rendersi conto di questa verità, sentirla concretamente nella profondità del proprio essere. Abbiamo già chiarito precedentemente che il desiderio diventa piacere per opera del pensiero, che si sofferma su ciò che è stato fonte di interesse, di diletto. È evidente che tale processo del pensiero non è amore. Se penso continuamente a voi, non significa affatto che vi amo bensì che alimento col pensiero un piacere che da voi m'è venuto. E nel momento in cui interviene il pensiero con la sua esigenza di piacere, l'amore se n'è andato. Quel che chiamiamo amore, ed èdesiderio, piacere, concupiscenza, non ha nulla in comune con la vera qualità della passione, che non è un risultato del pensiero. Se mi appassiono a una persona, a un'idea èperchévi trovo uno stimolo, vale a dire un piacere. Verificate la cosa entro voi stessi. Non di tale passione, che implica conflitto e dolore, stiamo ora parlando ma di uno stato in cui pensiero e idea non hanno luogo, in cui vigono una intensità e uno slancio che sono del presente, non di ieri o di domani. Soltanto così sarà possibile scorgere la natura del dolore e decretarne la fine.

La mente che soffre non può operare con naturalezza; è nevrotica e ha bisogno di stimoli e droghe, quali l'S.T.P., l'L.S.P. o la marijuana,perchénon comprende la vita. E una vita senza significatodiventa superficiale e misera. Se a vent'anni avete sperimentato ogni piacere, dovete, per ritrovare la sensibilità, ricorrere alle droghe che esaltano la mente ma non liberano dal dolore.

Ebbene ora, discutendone insieme, tentiamo di sapere se è possibile farlo cessare completamente. Cause grandi e piccole ne abbiamo conosciute molte durante l'esistenza: il dolore della solitudine, della morte oppure l'insoddisfazione di non amare, di non essere amati, di non avere successo o fama. Si può eliminarle di colpo e liberarsi dal dolore? Si può se c'è un'appassionata scoperta di se stessi, fatta coi propri mezzi e non secondo Freud, Jung o altri psicanalisti. Sarebbe puerile ch'io ne seguissi le dottrineperchéimparerei a conoscere loro e non me stesso. E nell'imparare me stesso non c'è nulla da ritenere o accumulare. L'io è un fluire perpetuo dall'ieri all'oggi e al domani, un passaggio senza fine. Questo ho da imparare; e vi riuscirò a patto che la mente sia sgombra da qualunque previa conclusione su di me. Per scorgere all'istante l'intero movimento ch'io sono, occorre l'intensità della passione. La notte scorsa tuonava. Ve ne sarete accorti se non dormivate troppo profondamente. Se c'era distanza fra voi ascoltatori e la cosa ascoltata, avrete avvertito, non un tuono, ma la verifica di un concetto; se invece la comunicazione è stata diretta, senza spazio intermedio e senza idee, allora voi sarete stati il tuono. Non crediateche si tratti di un'orientale fantasticheria. Del resto è da sciocchi contrapporre l'oriente all'occidente; siamo fondamentalmente gli stessi esseri umani anche se viviamo in India, in Cina o in questo amabile paese. E l'essere umano soffre, continua a soffrire da sempre; tanto che, non trovando scampo al dolore, lo ha santificato, gli ha innalzato altari, è ricorso a redentori o ad altre consolazioni che lo sottraessero alla infelicità irrimediabile. Ma noi diciamo che uno scampo c'è e consiste nell'istantaneo scorgere in se stessi il totale movimento della vita. E per comprenderlo con chiarezza è necessaria la passione.

In verità dove esiste paura non esiste passione; la passione è compagna di un amore che non è nè desiderio nè piacere. Volete che passiamo alle domande su ciò di cui abbiamo parlato stamane?

—Avete detto che per imparare occorre una mente sensibile. Ma come fare se non l'abbiamo?

—Anzitutto come sappiamo che la nostra mente manca di chiarezza e sensibilità? Lo sentiamo come sentiamo la fame? Oppure l'abbiamo capitoperchéqualcuno ce lo ha detto o confrontando la nostra mente con quella di un altro? Che succede quando vi confrontate? Vi fate un'idea sulla vostra ottusità e sull'intelligenza altrui. Queste due immagini entrano in competizione fra loro. Riuscite invece a percepire il vostro essere ottusi senza un termine di riferimento? Ecco una domanda che val la pena di rivolgere a se stessi. Vi rendete conto d'avere fameperchéeravate affamati ieri oppureperchéla fame è presente e concreta? Conoscete mediante un confronto, e quindi non imparando nulla dal fatto attuale, o conoscete la cosa com'è? La domanda è molto importante dato che per tutta la vita, dalla nascita alla morte, ci è stato insegnato a paragonarci agli altri. Ma quando mi paragono ad un altro distruggo me stesso. Guardate quel che succede nelle solite scuole quando un ragazzo è messo a confronto col più intelligente, col migliore della classe. Il suo modo d'essere viene negato. È quello che facciamo continuamente.

Ora io mi chiedo se posso vivere senza confrontarmi con alcuno. Ciò vuol dire che per me non esiste più l'alto e il basso, il superiore e l'inferiore. Sono quel che sono; e per comprendermi, per scoprire la fattualità del mio essere, ogni confronto deve venire abolito. Ma qual è il motivo che mi induce a confrontarmi sempre, a prendere per modello un santo, un maestro, un poeta, uno scrittore, un uomo d'affari? Il bisogno di acquisire, d'accrescermi, di divenire. Soltanto quando smetto, comincio a comprendermi. E comprendere ciò che si è, è molto più affascinante, porta assai più lontano d'ogni stolta comparazione.

—Che significa di preciso essere seri eperchéio non lo sono?

—Le persone serie sono davvero molto poche. Di solito tiriamo fuori la serietà quando ci sentiamo con la spalle al muro. Che significa per voi, per ciascuno di noi essere seri? Significa trovarsi di fronte a una minaccia, a un pericolo che metta in crisi la nostra sicurezza economica o sentimentale. Ma questa è una serietà che si traduce in paura, gelosia, autoprotezione. È vera serietà? Essere seri vuol dire interessarsi con piena schiettezza e decisione, non soltanto della famiglia, del lavoro, delle necessitàdella vita, ma anche di ciò che si pensa e si sente, della totalità di ciò che si è. Dunque non quando si è costretti o c'è da cavarne profitto o piacere. Nè la serietà può venirvi dall'azione di un altroperchésarebbe solamente uno stimolo. E se stamane, in questo convegno la vostra serietà provenisse dall'essere stati stimolati, è destinata a svanire appena sarete fuori di qui.

Domenica 23 luglio 1967.

Ottavo discorso

Nell'incontro precedente ci eravamo soffermati sulla serietà. Io non credo che ci si possa comportare seriamente in certe cose e non in certe altre. Quando si è seri lo si è in tutto, dall'atto più futile al più profondo e vitale problema. È indizio di mente assai frivola il regolarsi secondo i casi, scegliere quali saranno i maggiori impegni per qualche giorno o per qualche anno e volgersi in seguito ad altre forme di serietà. Se si è davvero seri in ogni cosa — nel gesto delle proprie mani come nelle più intricate esigenze del vivere — allora la serietà pervade l'intera esistenza dagli anni giovanili a quelli della vecchiaia. Non è affatto seria la mente pronta a elargire pareri, a passare da un'idea all'altra, da un'esperienza all'altra, da un impulso sessuale all'altro. Non soltanto si ingolferà in problemi senza fine ma non comprenderà mai il significato della vita.

Abbiamo anche parlato della paura. Su di essa continueremo le nostre indagini, affrontandone l'essenza e la struttura, cercando di scoprire se è possibile liberarsene in modo completo e definitivo. In verità se nell'andarvene da qui non avrete deposto l'immane peso della paura sì da divenirne realmente liberi in tutto l'essere vostro; se seguendo questi discorsi non avrete evitato d'impigliarvi in spiegazioni, in ulteriori problemi, in unnuovo e tormentoso desiderio di comprendere ciò ch'è stato detto, i nostri incontri non avranno senso, saranno stati assolutamente inutili o, peggio, si saranno mutati in un'altra occasione di intrattenimento, di stimolo. E qualunque stimolo offusca, rallenta, irrigidisce la mente.

Invece dovete aprire gli occhi e rendervi conto di quel che sta succedendo anche al di là della vostra ristretta cerchia familiare, in Europa, in Asia, in America, nel mondo intero. Ovunque è in atto una rivolta giovanile contro l'ordine costituito, il quale è tutt'altro che equilibrato ed equo. Che cosa ha edificato la generazione adulta, delle cui azioni siamo tutti responsabili? In Oriente come in Europa e in America la pace è minacciata, infuriano le guerre, regnano una confusione, una miseria fisica e morale che deturpano il mondo. E la responsabilità ricade su ognuno di noi, individualmente. Parlando d'individuo non intendiamo qualcosa di distinto e contrapposto alla società. Tuttavia l'uomo veramente serio non è nè l'entità isolata che chiamiamo individuo, nè uno strumento alla mercè degli influssi psicologici e sociali dell'ambiente; è un essere umano diverso, ormai al di là dell'antitesi individuo - società.

Non a quest'uomo, ma all'individuo comunemente inteso, a ognuno di noi così come ora è, risale la responsabilità di tutte le violenze, le crudeltà, le nefandezze che desolano il mondo. E non si tratta di un'esagerazione. Certamente è comodo separare la vita collettiva da quella individuale, proclamando l'importanza dell'una sull'altra o viceversa. Il fatto è che individuo e società formano un'unità indivisibile. Nel corso delle attuali discussioni ci siamo già imbattuti nella questione; abbiamo visto come ognuno di noi sia continuamente e gravemente coinvolto in questa responsabilità. Non è un semplice modo di dire ma una realtà di cui sono profondamente consapevole. Dunque che cosa ha costruito la nostra società? Non è riuscita a fare cessare le guerre; i suoi principali obbiettivi sono gli affari, il successo, la esteriorità delle chiese. Anche le religioni hanno perso quel qualche significato che un tempo avevano. Se fate attenzione alle litanie, agli incensi, ai rituali, vi accorgerete finoa che punto sisiano svuotati di senso e come una persona intelligente debba rivoltarsi contro le loro rigide convenzioni.

Che prospettiva hanno i giovani dinanzi a sè? Andar sotto le armi per uccidere e farsi uccidere? Finire nel mondo degli affari, condannati per quarant'anni allo squallore di un ufficio? Entrare nellegerarchie ecclesiastiche o ribellarsi e ricorrere alle droghe psichedeliche? La società, voi appartenenti ad essa e alla sua cultura, che avete da offrire loro? Un'educazione che ne faccia un branco di scimmie, elementi da impiegare in un certo modo, da inserire in un certo ingranaggio come tecnici o operatori di apparati meccanici. E pensare che tanto caos, tanta miseria, tanta angosciosa e spesso disperata lotta noi la chiamiamo vivere e ci sentiamo personalmente orgogliosi della sua modernità, della sua letteratura, dei viaggi sulla luna, dei riconoscimenti dati a chi uccide meglio. Volgetevi attorno, guardate coi vostri occhi e non secondo il punto di vista o i pregiudizi — che non esistono — di chi vi parla. Osservate quel che accade dentro e fuori di voi, le idee che assorbite, la bramosia di potere, prestigio, successo; e mescolato a tutto ciò un singolare concetto della spiritualità, la presunzione di scoprire dio con una mente esaltata dagli stimolanti. Questo campo di conflitti in ogni rapporto umano, in cui prosperano odi, violenze, guerre interminabili, è tutto ciò che sappiamo della vita. Incapaci di porre fine a questa umana battaglia, spaventati dell'esistenza, coltiviamo varie specie d'evasioni dall'alcool alla letteratura, dall'arte alla frequentazione delle chiese. Ma la paura non passaperchénon abbiamo compreso la vita,perchéne vogliamo fare un'imitazione di quella di un santo o di salvatore, un'applicazione di ciò che dice Freud o Jung o chi altro sia, compreso chi vi parla. Abbiamo anzitutto paura del noto, cioè della nostra quotidiana esistenza coi suoi rapporti col prossimo, i piaceri sessuali o d'altra più sottile natura, che si concludono tutti in una maggior somma di dolore. Cerchiamo di nascondere questa paura, di reprimerla o allontanarla; ma a spaventarci è la vita Stessa che conduciamo. Inoltre abbiamo paura dell'ignoto, dell'avvenire, della morte. Così non conosciamo mai requie. Non credo che ci sia esagerazionein queste parole nè che stiamo dando corpo all'inesistente. È il quadro in cui si riflette la realtà di ognuno di noi e non lascia speranza.

Qualunque filosofia, qualunque soluzione teologica è mera evasione. Se fossimo veramente seri ci porremmo dinanzi a questa dura verità senza staccarci nemmeno per un momento dalla sua concretezza. Ma far fronte a ciò che è richiede una totale assenza di paura poichè non basta osservarlo ma occorre anche addentrarsi nel significato del tempo.

Comprendere questo problema è .ma delle cose più importanti. Davanti alla insignificanza del vivere e alla paura che ne derivasi può ricorrere a scappatoieche barattino l'asprezza della realtà, cosìcom'è, con beatificanti ideologie. Per rimuovere invece la condizione di miseria e confusione, che abbiamo contribuito a far giungere al mostruoso grado in cui oggi si trova, dobbiamo comprendere non solo come osservare ma anche il valore e la funzione del tempo.

Usiamo il verbo"comprendere"non come operazione intellettuale bensì come stato che sopraggiunge allorchè si presta a qualcosa un'attenzione che impegni tutto l'essere. Se voglio intendere compiutamente la bellezza di un uccello, di un insetto, di una foglia, della complessa natura di una persona, devo prestare un'attenzione di questa specie. E sono capace di farlo quando la cosa mi sta a cuore al punto che, lungi dal provarne paura, amo vedere e capire. Allora nella mia attenzione v'è tanto l'osservare, anzi la scoperta di come osservare, quanto l'apprendere che senso hanno il tempo e il processo del pensiero. Sono cose su cui devo avere una conoscenza piena e familiare. Abbiamo già chiarito che significhi osservare, ascoltare, vedere. Non credo sia esagerato affermare che pochissimi sono coloro che sanno guardare tanto all'interno che all'esterno. Se guardo una cosaperchémi piace o mi dispiace, ho già smesso di vedere e sto trafficando con reazioni, idee, giudizi che me lo impediscono. Badate che, se vi sfugge questo fatto semplice e fondamentale, è inutile avviarci verso qualcosa che esige un'osservazione attenta e completa.

Qualunque previa esperienza o nozione non permette di vedere o ascoltare. Se io ho ricevuto un'offesa o un torto da voi, la memoria che ne serbo mi impedisce di scorgervi quale siete. Avrò davanti solo l'immagine di voi che quel momento ha fissato, anzi sarà l'immagine a mettersi in comunicazione con voi. E tutto ciò che vedrò e udrò mi verrà da essa, sicchè non ascolterò che me stesso. Questo è un caso semplice ma diventa assai più complicato quando oggetto d'osservazione siete voi medesimi, Di conseguenza la prima e essenziale constatazione è che si riesce a vedere solo quando la mente è fresca, innocente, libera. Se queste non sono parole ma si convertono in una interiore e chiara evidenza, possiamo affrontare il problema del tempo.

Il tempo di cui ci occupiamo non è dell'orologio o dell'orario dei treni ma quello che si pone come distanza fra idea e azione. Tutti psicologicamente ci fondiamo sulle idee: la non violenza, il comunismo, il capitalismo, l'assiduità verso la chiesa e via di questo passo. Fra l'idea e l'azione si crea necessariamente un intervallo. Che cosa denuncia? Osservatevi. L'idea è un sostegno, un mezzo per sentirsi sicuri. L'azione invece è il presente, è l'immediato, non ha sostegni nel passato o nel futuro; è realtà in atto. Per questo ci appare tanto incerta e rischiosa da indurci a prevenirla con l'idea, a conformarla a un modulo che prometta soddisfazione, piacere, sicurezza. Qui è la causa del distacco fra idea e azione, distacco che è anche tensione, conflitto. In tale distanza, in tale situazione di conflitto è l'intero campo del tempo psicologico.

Ora noi ci proponiamo d'indagare se il suo processo può arrestarsi, se il tempo può avere termine. E ciò equivale a chiedersi se lo stato di conflitto possa cessare non in futuro, non nel corso del tempo, ma immediatamente. La soluzione del problema, se collocata nel futuro, diviene un'idea da realizzare; così v'è di nuovo distanza fra idea e azione e la cessazione del conflitto si fa motivo di conflitto. L'ideale della non violenza che, in quanto ideale, si sposta nel tempo, è in effetti un seme di violenza.

Ma l'intervallo di cui parliamo è anche pensiero; in altreparole, il tempo psicologico è pensiero e viceversa. Quando pensate che domani sarete felici, formate un'immagine di voi tesa verso uno scopo, un risultato. C'è dunque un desiderio, un'aspirazione al piacere, cui il pensiero dà sostegno e continuità, sicchè è il pensiero a dire"domani sarò felice","domani avrò successo","domani il mondo diventerà meravigliosamente bello". Potete verificare la cosa entro voi stessi. Un altro esempio: avete provato un piacere sessuale o tratto dalla vista di un bel volto, di un paesaggio montano splendente di sole; e ne avete risentito un intenso moto di gioia. Allora il pensiero interviene per trattenerlo o per cercare che si ripeta sotto quella forma o un'altra. Dunque il pensiero elabora l'idea del piacere di ieri come scopo da conseguire domani; fra l'idea e il fine si stabilisce un intervallo, che è tempo, tempo nato dal pensiero. Chiedetevi ora se questo è per voi un ragionamento astratto, un'analisi verbale, oppure un dato interiore. Se è un fatto concreto, procediamo oltre indagando come mettere fine al meccanismo del tempo.

Il tempo è dolore. Ieri o mille anni fa io ho amato; mi è stato accanto un caro compagno che è scomparso. è morto. Ma ne dura la memoria, il pensiero, che insiste sul piacere passato e continua a voltarsi indietro rimpiangendo, desiderando, sperando. La persona fonte di tanta gioia è perduta, assente; ma il pensiero si oppone a tale assenza e dà origine a ciò che chiamiamo dolore. Allo stesso modo è il pensiero a fare del sesso un problema, prolungando nel tempo la necessità del piacere e causando conflitto e dolore. Guardate in voi stessi e vedrete che, poichè esiste questo durare che è tempo e pensiero, esistono necessariamente la paura e il dolore.

S'impone quindi la domanda se è possibile metter fine a tale intervallo, cioè al tempo psicologico o pensiero. Non domani, badate; se la domanda fosse:"Avrà mai fine il tempo?", si porrebbe come idea, come scopo da conseguire; e vi trovereste presi nel solito giro.

È straordinariamente interessante osservare, semplicemente stare a vedere, quell'operazione che chiamiamo pensiero. Donde si inizia? Senza dubbio dalla memoria. Si può allora parlare d'inizio, si può cogliere il cominciamento della memoria? Se vien meno la memoria, vien meno anche il pensiero. Qualè la reale importanza del pensiero? Di solito gliene riconosciamo una grandissima. Quanto più il pensiero è astuto, combattivo, sottile, tanto meglio si diffondono le idee in famose opere intellettuali o teologiche — di San Tommaso o del Sankara, della cultura occidentale o dell'estremo oriente — in migliaia e migliaia di libri le cui teorie rappresentano per noi oggetto di culto e hanno nella nostra vita un enorme peso. A tal punto siamo condizionati! Ebbene ora intendiamo affrontare il processo ideologico alla radice e, senza occuparci di questa o quella concezione, osservare globalmente l'attività generatrice di idee. In altri termini, metteremo in discussione quell'intero edificio, per noi tanto importante, che è fatto di ideali, di posizioni dialettiche, di punti di vista, di credenze come la dottrina della chiesa e la definizione di Dio, del Salvatore, della Vergine Maria. Tanto il mondo asiatico che quello cristiano posseggono le proprie impalcature per la scalata a Dio. Indagando sul pensiero, sull'idea, sul tempo, porremo a fuoco l'intero problema.

Noi, quali esseri umani che vivono fra la mostruosità, gli egoismi brutali, le colpe, le angosce, le paure, le tragedie delle guerre, ci domandiamo se tutto ciò possa aver termine non in una prospettiva sperata ma in un fattuale presente. È consentito alla mente di farsi fresca e innocente così da vedere l'esistenza sotto una luce nuova e da dare avvio a un nuovo mondo?

Abbiamo separato l'azione dall'idea e permesso che l'idea divenisse molto più importante dell'azione. L'idea è sempre del passato e l'azione — il fatto vivo — è sempre del presente. Ma il presente ci farebbe paura se non lo prevenissimo col pensiero; per questo l'idea, cioè il passato, ha assunto per noi tanto valore; per questo ci attende come conclusione ultima la morte.

La morte è una componente della nostra esistenza. Noi non temiamo solo quel che ci è noto: la vecchiaia, le malattie, le pene, i disagi che ci sono familiari fin da quando siamo nati;temiamo anche ciò che è al di là di tutto questo, che non conosciamo e chiamiamo morte.

Non contentatevi d'ascoltare le parole ma inoltratevi nella indagine assieme a chi parla. Constaterete facilmente come sia il pensiero a generare la paura. A causa di esso temiamo tanto la vita quanto la morte. Io ho acquistato un certo grado d'esperienza, di cultura, di prestigio; nel pensarvi trovo un sostegno, una fonte di energia e vitalità; ma vi si accompagna la paura di dovermene privare. E chiunque attenti al mio successo, alla mia sicurezza, sarà da me denigrato e odiato come un nemico. Sono osservazioni molto ovvie. Sapete bene cos'è il sentimento di spaventato antagonismo che vi assale quando qualcuno insegna o fa i suoi affari meglio di voi. È un veleno che covate nello animo sebbene parliate di Dio o di valori spirituali. Dunque avete paura che la vita vi tolga ciò che abitualmente vi sorregge ma avete paura anche di una minaccia più definitiva e inesorabile: la morte. A questo punto cominciate a pensare alla morte; e, facendolo, stabilite una distanza fra la vita e ciò che chiamate morte. È semplicissimo. La vita per voi è fatta delle cose che conoscete: i piaceri, gli svaghi, le esperienze, le acquisizioni, i conflitti, gli insuccessi, le sopraffazioni. È fatta delle cose a cui vi aggrappateperchésono tutto quanto avete: la casa, la vostra piccola famiglia, la vostra piccola nazione. A una vita simile si prospetta un'orribile morte. Qui vi conduce il pensiero che interpone una distanza fra ciò che credete sia durevole e ciò che realmente è.

Dunque il pensiero alimenta attraverso il tempo la paura tanto della vita che della morte. E siccome la morte vi è ignota, sempre col pensiero la posponete, la allontanate, tentate di dimenticarla. Ma allorchè dite di non volerci pensare lo avete già fatto, escogitando come evitarla, come sfuggirne la minaccia. Del resto non vi mancano i mezzi: chiese, divinità, redentori, resurrezioni e financo il concetto, originatosi in Asia, di un sè reincarnantesi ed eterno. Il pensiero ha astutamente inventato la idea dell'anima, dell'Atman per trovare salvezza, speranza. Malungi dall'essere eterno, è immediatamente sopraffatto dal tempoperchéil pensiero ha radice soltanto nel passato.

Perciò è necessario comprendere il dualismo vita-morte e superarlo. Ma anzitutto esiste una reale separazione fra vita e morte? Capite la domanda? Per vivere con piena intensità bisogna morire a tutte le cose di ieri: ai piaceri, alle opinioni, ai giudizi, alle sciocche acquisizioni, di cui ama far capitale la mente; morire alla propria famiglia, a quei possessi materiali e psicologici che hanno creato un mondo di caos e di violenza tanto fuori che dentro di noi. Da questo morire proviene una intensità in cui il passato è scomparso e la morte, come termine futuro, non esiste più. Vivere è morire, nè potete vivere se non morite. Ma la maggior parte di noi vuole sicurezza e permanenza, vuole il prolungarsi indefinito dei disagi e dei dispiaceri, delle ansietà e delle lotte a cui siamo avvezzi. E ha paura della morte. Tale paura nasce dal fatto che il pensiero schiva, rifiuta, combatte la morte. Ma se non v'è separazione fra morte e vita, si può comprendere che significhi morire, staccandosi ogni giorno da tutto ciò che si ha. Così la mente diviene meravigliosamente agile, nuova, innocente. Se non si esiste più alle migliaia e migliaia di giorni passati, vivere è morire. Allora il tempo cessa di esistere e il pensiero entra in funzione quando è necessario, sul piano delle esigenze fattuali e non su quello psicologico.

—Quando il pensiero sorge entro di me senza alcun intervento esterno, non vedo la differenza fra me e il mio pensiero e mi pare che, circa il pensare o non pensare, sia il pensiero stesso a decidere.

—Perché separate l'esterno dall'interno? È il pensiero cosa davvero vostra o un riflesso condizionato dall'ambiente? Siete nati cristiani, comunisti o altro che sia; vi siete formati in una certa società, in una certa cultura; venite continuamente modellati dai libri, dai mezzi audiovisivi, dai giornali, dai predicatori. E chissà se non dai discorsi di chi vi parla. Spero proprio di no,perchéin tal caso quel che egli dice si convertirebbe in idee, in punti di vista destituiti di valore.

La nostra indagine invece mira a qualcosa di assolutamente diverso: la libertà. Una libertà che non può essere realizzata dividendo il mondo in due parti: da un lato io e i miei pensieri, dall'altro il resto, distinto e separato da me. In realtà voi pensate in un dato modoperchésiete americano, svizzero o indiano,perchésiete calato in una data cultura che vi ha imposto la sua forma. I comunisti hanno sottoposto al lavaggio del cervello milioni di uomini; li hanno tartassati fino a indurli a pensare come vuole un certo regime, un certo capo, un certo commissario del popolo. E, dal canto suo, la chiesa ha fatto esattamente la stessa cosa. Perciò confezionati dall'ambiente, assoggettati alle sue ideologie e alle sue guerre, ne fate parte al punto che lo portate entro di voi e in voi si confondono l'individuo e la società. Nè vi è possibile separarli. Vi troverete al di fuori di tale contesto soltanto quando avrete posto termine alla paura e scoperto il significato dell'amore.

Ma finchè appartenete alla struttura psicologica della società, al suo sapere, alle sue rivalità, cupidigie, invidie, non sarete un uomo libero. Potrete anche illudervi di aver reso indipendente la vostra volontà, ma in sostanza rimarrete una parte, un condizionato elemento della attuale mostruosa società.

—Come può realizzarsi il"morire immediatamente"?

—È molto semplice: finire nell'immediato a ogni piacere. Per esempio, se avete preso gusto fumando, non dategli continuità, morite ad esso senza motivi, senza ragionamenti, senza paure o controlli, dicendo a voi stessi:"È finita". Provate e saprete che significhi. Fatelo non soltanto per una sigaretta: sebbene io conosca persone per le quali rinunciare a una sigaretta, a un bicchiere rappresenta un grosso problema. Provate a morire a qualsiasi piacere, nonperchévi siano cause o scopi contingenti, maperchédovete comunque farlo nel momento della morte fisica con la quale non potete certo venire a patti.

Morite dunque a ogni desiderio e a ogni soddisfazione senza reagire, senza lasciarvi cogliere dalla disperazione. Saprete allora che voglia dire porre immediatamente fine al travaglioso e contraddittorio groviglio della vostra esistenza.

Martedì 25 luglio 1967.

Nono discorso

Ritengo che abbiamo discusso a sufficienza sulla paura. Naturalmente potremmo addentrarci in più minuta e circostanziata analisi. Ma qualora non avessimo già compreso, non gioverebbe a risolvere la nostra istanza iniziale. Interessarsi ai particolari, per quanto impegno vi si metta, non è, a mio parere, indizio di mente seria. Assai più serio e importante è porsi di fronte al fatto totale e spingersi anche al di là di esso, chiedendosi se è possibile essere completamente liberi, indenni dalla paura. E la materia dell'indagine è abbastanza banale dato che la maggior parte di noi è sempre sotto il giogo della paura.

Ma ne abbiamo già parlato durante i precedenti incontri; ora credo che ci converrebbe procedere oltre per non limitarci a una sola inchiesta.

Abbiamo constatato che una mente ristretta, superficiale, vede solo i particolari e solo riguardo ad essi esercita la propria serietà.

Quando le si presenta una questione fondamentale, che richiede consapevolezza assai maggiore, è esitante, perplessa,perchénon ne coglie pienamente le implicazioni.

Oggi vorrei che conducessimo un'indagine sulla mente, approfondendola sì da rintracciare le scaturigini del pensiero e forse anche qualcosa d'assaipiù profondo: l'amore. Così potremmoimbatterci, con mezzi nostri, nel significato della meditazione.

Alla domanda sulla natura della mente i neurologi, gli psicologi, i teorici di cose intellettuali o religiose hanno dato più o meno risposta, definendola l'organo della memoria e del pensiero tanto razionale che irrazionale, il cui funzionamento non sarebbe solo meccanico ma suscettibile di illuminazioni. L'hanno comunque intesa come sede che comprende i moti sia del conscio che dell'inconscio. Il passato come memoria si trova iscritto nel cervello, che fa parte della mente; né quest'ultima è separabile dal corpo. Ma occorre che, mettendo da canto il parere degli specialisti, per quanto capaci, nonchè dei teologi o d'altri esperti di religione, ognuno di noi si chieda che cosa sia per lui la mente non in teoria ma quale fatto concreto. E inoltre, spingendosi più innanzi, cerchi di comprendere che cosa sia il pensiero e donde tragga origine. Queste scoperte potranno rivelare una ulteriore profondità entro la quale ci inoltreremo nel corso dell'inchiesta. Ma anzitutto dobbiamo essere in grado di vedere coi nostri occhi che cosa sia la mente, cioè la sede in cui si attuano la coscienza e il pensiero affiorando dal fondo del tempo; la mente di cui è parte il cervello, deposito della memoria, che reagisce secondo il proprio condizionamento. Ma abbiamo veramente i mezzi per scoprire da soli o ci muoveremo; unicamente secondo ciò che altri ha detto? Ecco una cosa im. portantissima da chiarire. Se avremo compreso da soli la natura della mente, potremo muovere da qui verso altre scoperte; se accetteremo invece una spiegazione, avremo a che fare con una mera teoria, un prodotto di seconda mano, privo di valore.

È possibile capire che sia la mente? Per scandagliare a fondo un problema come questo bisogna trovarsi in uno stato di meditazione. E non è affattomeditazione quella condotta inottemperanza a un sistema, a un metodo o nell'intento di conseguire uno scopo. Meditazione equivale a libertà di guardare, di esaminare in assoluta quiete interiore. E quando osserverete la vostra mente, sussisterà ancora un osservatore che proceda all'esame? Per conoscere a fondo questo microfono, persapere come funziona, devo smontarlo e vedere di che sia composto. Ma per cogliere la totalità della psiche, la mente, il sistema nervoso, il cervello con l'intero patrimonio delle memorie, esiste un'entità che possa separarsi dal suo obbietto e analizzarlo? E se non esiste, non sarà invenzione del pensiero, che, in quanto parte inseparabile della mente, non è in grado di scoprire che cosa sia? D'altronde come agire senza alcuna entità separata, senza alcun osservatore?

Io voglio sapere che sia la mia mente, il cervello che reagisce in conformità alla memoria, il pensiero che nasce con motivi, tendenze, finalità egocentriche. Voglio conoscere l'origine delle idee, delle credenze, dei dogmi, di tutto ciò che si trova nella mia psiche e che mi costituisce. Dico a me stesso:"Devo scoprire questo principio, vedere che cosa sia realmente, negli strati palesi e in quelli occulti, la mia coscienza. Ebbene colui che dice:"io"è separabile dalla cosa da osservare, è in grado di studiarla? E se non lo è, se è parte inscindibile della mente, potrà mettersi dinanzi alla sua totalità e divenirne consapevole?

È indispensabile aver ben chiaro che non esiste osservatore distinto dalla mente, il quale non sia una creazione del pensiero e quindi una componente di ciò che presume d'osservare.

Ma come si può comprendere la totalità della mente se non c'è chi possa dire:"Io l'ho esaminata e compresa"? Tutto questo esige una grandissima disciplina, che non è affatto imposizione, controllo, soppressione. È un guardare, un esaminare, un agire che reca in sè capacità disciplinante.

Ma qualora io voglia davvero scoprire; qualora sia arrivato al punto da chiedermi se osservatore e cosa osservata siano fra loro distinti, e da capire che tale domanda implica una disciplina che non s'ottiene con regole e conformismi, allora dalla domanda stessa mi verrà la disciplina che cerco. E coinciderà con la libertà, dato che la libertà è correlata con la disciplina. Vi riesce di capire non in senso verbale ma facendo anche voi quel che faccio io? Una domanda, qualè questa di cui parliamo, potete rivolgervela solo se siete liberi, se non possedete più opinioni, formule, fedi. E il formularla è atto d'austerità, poichè visiete spogliati d'ogni cosa tranne che di una istanza che può spalancare la porta a un'immensità di visione.

Quindi se l'entità esaminata è parte della cosa da esaminare, se la mente — o la coscienza, che è lo stesso — si è auto-scissa in soggetto e oggetto dell'osservare, vuol dire che la scissione è erronea, non ha riscontro reale. Quale mai stato allora potrà rendersi consapevole della totalità che chiamiamo mente? Quando io mi chiedo:"Che cosa è la mente"e in me osservatore e osservato sono tutt'unoperchél'entità che costituisce il punto di vista è parte della mente stessa, quale mai stato scoprirà e conterrà la visione dell'intera coscienza, così com'è, con le sue frontiere, i suoi limiti?

Come vedete, stiamo tentando di rintracciare chi diventi consapevole, pur non essendo separato, non rivestendo il ruolo dell'osservatore.

Ma in che consiste la consapevolezza? Sedendo su questa pedana, io sono consapevole della tenda sul mio capo, dei diversi colori che mi stanno davanti, del rumore del fiume vicino, del movimento di una o due persone, del silenzio degli altri. In tale consapevolezza c'è un osservatore che dica"Io mi rendo conto di questo colore separatamente da quello"? Infatti se l'atto cosciente consiste nel limitare, se tutta la coscienza è limitazione — e lo è —, nell'ambito di essa non esiste libertà. Il fatto successivo che ci interessa scoprire è se è possibile andare oltre tale limitazione, venire in contatto con ciò che si trova al di là. In tal caso chi ne farà esperienza? Che significa in concreto essere consapevoli? Io sono consapevole di trovarmi qui sotto la tenda. Lo sono come entità contrapposta a ciò che osserva oppure senza che si formi l'osservatore? Quando si ama, esiste un osservatore che dica"Io sto amando"? E se c'è, si tratta di amore oppure del solito processo desiderio-piacere, che genera gelosia, ansietà, dolore, colpa? Abbiamo già messo in chiaro che piacere e desiderio non hanno a che fare con l'amore.

Dunque è molto importante sapere che significhi essere consapevoli, attenti. La domanda che ci siamo proposti inizialmente è:"Che cosa è la mente?",perchéintendiamo scoprire laorigine stessa del pensiero. Ma chi farà la scoperta, chi raccoglierà la risposta dal momento che l'entità esperiente è parte della coscienza, parte del pensiero? La scoperta è possibile solo nello stato di consapevolezza. Ma ammette tale stato il sussistere di un'entità che pratichi la consapevolezza, che dica:"Io devo essere consapevole"? Stamane guardando le montagne, le nubi, la azzurra profondità del cielo, è avvenuta in voi comunione senza l'entità osservante, pur se la percezione proveniva da mezzi fisici personali? Ebbene in questo vedere, che non è più al servizio di un osservatore, è la totale consapevolezza. Se a guardare un albero è in voi l'entità che ne ha acquisito un certo corredo di nazioni, sarete consapevoli di certi suoi caratteri e non della totalità dell'albero.

E per passare ad esempi più pertinenti, quando siete dinanzi a vostra moglie o a vostro marito, guardate attraverso la immagine che ne possedete o ne traete diretta e concreta consapevolezza senza le prefigurazioni dell'osservatore? Ma osservare direttamente il cielo, le nuvole, il fiume è relativamente facileperchénon toccano i nostri interessi più radicati nè suscitano le nostre reazioni più abituali.

Assai più difficile è riuscirvi con una persona che ci vive accanto da molti anni e della quale abbiamo un concetto, com'essa l'ha di noi. In tal caso, quando diciamo di essere ccnsapevoli, intendiamo dire che ci rendiamo conto delle relazioni intercorrenti fra la nostra immagine e quella concepita dall'altro. In più il centro osservante provoca divisione e conflitto; e dov'è conflitto non è consapevolezza come dov'è consapevolezza non può attecchire il conflitto. Dunque per eliminare il conflitto è necessario essere consapevoli, senza fare però della consapevolezza l'atteggiamento di un ulteriore centro, con ulteriori immagini di se stesso e degli altri. Esiste uno stato consapevole che non faccia capo a un centro ma si trovi oltre l'intero ambito psicologico con i suoi limiti, i suoi vincolanti contenuti, il cumulo di sciocchezze derivanti dalla nazionalità, dall'educazione, dall'esperienza? Così stiamo scoprendo che il pensiero ha un principio e che si origina nella coscienza, la qualedivide se stessa in osservante e osservato. Ma tentiamo di arrivarci per altra via. Vi siete mai posta la domanda come il pensiero, qualunque pensiero, cominci? E che avete fatto per scoprire la risposta? Per arrivare a una scoperta — non importa di quale genere — la mente, l'intera struttura della coscienza, e non solo una parte di essa, deve essere quieta. Se io voglio vedervi con la massima chiarezza, devo avvicinarvi con mente del tutto calma, sgombra da ogni pregiudizio, opinione, prefigurazione. In tale stato di libertà, e perciò di calma, può compiersi l'osservazione. Ora seguite, vi prego, la domanda successiva: è possibile in concreto, a me e a voi, osservare l'originarsi del pensiero? È possibile solo allorchè la mente, dopo aver formulato la domanda, è in uno stato di silenziosa quiete; non certo quando cerca, si agita, aspetta risposta. Allora, nella calma di tutto il mio essere, entro questo silenzio, posso intravedere come il pensiero prenda inizio. È un fatto molto importanteperché, se si è consapevoli di come s'inizia, non c'è alcun bisogno di controllare il pensiero.

Sapete bene che spendiamo moltissimo tempo, non solo negli anni di scuola ma anche nell'età adulta, per emendare, sopprimere, dominare il pensiero a seconda che lo giudichiamo buono o cattivo, piacevole o spiacevole. La nostra mente è un campo di battaglia in cui regna continua la zuffa d'un pensiero opposto all'altro, d'una voglia che cerca di sopraffare l'altra. Ma se si raggiunge la consapevolezza circa la sua origine, il pensiero cessa d'essere contraddittorio.

C'è un qualche senso in ciò che sto dicendo? Credo di sìperchéinsensata è indubbiamente una vita di conflitto. Io devo superare il contrasto con me stesso, col prossimo, con le idee, giacchè esso, qualunque ne sia la specie, equivale a tensione, deformità. Un'esistenza simile si logora e si corrompe; bisogna che io trovi un modo di vivere senz'ombra di conflitto, in nessun momento. E lo troverò andando alla radice del pensiero. Se la mente perverrà a scoprirla senza far capo a un centro osservante, allora ogni pensiero non sarà più esclusione, scelta, non s'accompagnerà al suo opposto. Come vedete, si tratta d'unaquestione molto importante non d'una insensatezza. Il principio del pensiero si può scorgere soltanto se la mente è quieta, se si trova in un silenzio naturale, non indotto da controlli o discipline, da questa o quella forma di meditazione o da altri insulsi espedienti. Il silenzio è l'unico stato della scoperta, lo unico che consenta lo straordinario avvento del nuovo. Nè il pensiero può in alcun modo costruirlo, coltivarlo; ne farebbe un ristagno, una cosa morta. Ciò che il pensiero costruisce è sempre in conflitto con ciò che è. Nella completa calma della mente qualunque pensiero, non importa di qual contenuto, rivela il suo principio e cessa di generare conflitto. Oh, non vi riesce di capire? Vedete, all'inizio c'è soltanto desiderio; poi sorge il pensiero a dare continuità al desiderio; infine nasce la tensione fra desideri contrastanti. Ma se si è consapevoli dell'iniziarsi del processo, il contrasto non ha più luogo. La consapevolezza è dunque il fondamento indispensabile d'una vita senza conflitti. E può attuarsi solo nel silenzio, in un silenzio che è meditazione.

La mente allora è sommamente viva e desta, non si cura di immagazzinare ritrovati e può imbattersi ad ogni passo in qualcosa d'altro. Una niente così intensa e vitale è luce a se medesima senza l'ausilio di alcuna esperienza.

La maggior parte di noi è avida d'esperienze: sbarcare sulla luna, esaltare con droghe la sensibilità d'una niente mediocre per avere delle visioni, tentare le avventure mistico-religiose o quelle sensuali, procurarsi il potere del denaro, della posizione sociale, del dominio. La nostra vita è tanto limitata e insignificante che contiamo di curarne con l'esperienza la stupidità, la monotonia, la gravezza. Passiamo da un libro all'altro, frequentiamo stadi, musei, concerti, chiese. Ma non ci chiediamo che cosa si nasconda in questa necessità nè se ci incontriamo mai con qualcosa di nuovo. L'esperienza poggia sul riconoscere. Non è più tale se non contiene elementi ch'io possa riferire a ciò che mi è noto. Di conseguenza non mi rivelerà mai il nuovo.

Sono giunto così a una fondamentale verità: la mente cupida d'esperienze, che ne cerca via via di più ampie e profonde, denuncia la sua limitazione, l'inabilità a staccarsi dalle memorie,dalle recognizioni. Non ha compreso che ciò che ricorda o riconosce non ha nulla a che fare col nuovo.

Ma nel silenzio interiore tace anche la sete d'esperienze. Ora noi ci chiediamo se una mente silenziosa, quieta, seguiterà ad agire nel mondo; se le sarà possibile assolvere alle sue mansioni quotidiane. Ognuno di noi ha impegni di lavoro che esigono un corredo di nozioni e d'esperienze adatto alle circostanze. Come li fronteggerà la mente che ha compreso, che vive in uno stato di alto e naturale silenzio?

Una domanda così concepita, che separa il silenzio dalla azione, è sbagliata. La mente silenziosa adempirà anche alle sue funzioni in ufficio. Essa è come un tamburo perfettamente intonato che, percosso, dà il suono esatto pur essendo in sè vuoto e silente.

La mente silenziosa sarà in grado di vedere che la coscienza, tanto superficiale che profonda, tanto palese che occulta, appartiene al processo del pensiero. E sarà in grado di scoprirne l'origineperchéil silenzio interiore avrà fatto cadere ogni frontiera della coscienza.

È questo uno stato di altissima disciplina non derivante da alcun motivo esterno.

Se ci siamo spinti fin qui, possiamo chiederci che cos'è l'amore. Si tratta di capire se l'amore appartenga all'ambito della coscienza, vale a dire del pensiero. Noi usiamo la parola"amore"continuamente e a sproposito:"Io amo voi, il mio paese, il mio dio, i miei libri, la mia posizione". Quando dite a qualcuno:"Ti amo", che intendente significare? Le religioni di tutto il mondo distinguono due amori: il sacro e il profano. È l'amore da identificarsi col desiderio? Non rispondete subito di no; per la maggior parte di noi è semplicemente desiderio; è l'appagamento sessuale e psicologico che ci danno la moglie, il marito, la famiglia come cosa nostra, diversa da quella altrui. E lo stesso valore hanno il nostro dio, la nostra nazione, il nostro re, con tutte le sciocchezze che vi ineriscono. Chiamiamo amore ciò che ci spinge a uccidere, a sentire gelosia, odio. Chiamiamo amore il possesso, il dominio, l'assoggettamento, il bisogno di procurarci piacere, soddisfazione, conforto, compagnia, occasione per evadere da noi stessi. Ma lo è davvero? Non si troverà invece al di là del caos del pensiero? E se rispondete di sì, che accadrà di vostra moglie, dei figli, della famiglia? Che ne sarà della ambita sicurezza loro e vostra? Ma se vi si presenta un dubbio del genere vuol dire che non avete abbandonato l'area della coscienza. Se lo aveste fatto, sapreste che cos'è l'amore e come non si dia pensiero, non conosca problemi di avvenire o di tempo. Un conto è ascoltare queste parole, compiacersene e fors'anche subirne l'incanto, ma tutt'altro è spingersi al di là del pensiero e del tempo, rendersi conto che il tempo è pensiero e il pensiero è dolore, scoprire una dimensione che veramente si può chiamare amore e in essa agire, esistere.

A quella sull'amore s'accompagna un'altra domanda: che cos'è la bellezza? È un attributo dell'oggetto, un sentimento dell'osservatore? O non è nè l'una nè l'altra cosa ma si rivela quando osservatore e osservato sono del tutto spariti? Abbiamo detto che nella mente che non si scinde in soggetto e oggetto vige una totale austerità, diversa affatto dall'aspra disciplina del prete, che è armata di sanzioni, regole obbedienze. Austerità equivale a semplicità; non consiste nella rinuncia alle idee, al cibo, al lusso, all'agiatezza, ma nell'essere completamente umili, nell'aver superato il bisogno di perfezionarsi, d'acquisire, di ascendere. L'umiltà ha un solo passo da fare: il primo ed anche l 'ultimo.

In verità se non comprendiamo nella loro reale natura la bellezza, l'amore, la meditazione; se restiamo così come siamo, con le nostre pene e i nostri conflitti, la vita avrà assai poco significato. Inutile far ricorso alle droghe per eccitare gli appetiti sessuali o psicologici; soggiacere alla schiavitù degli stimoli, a quella del piacere o del pensiero non darà un senso alla vita ma ne moltiplicherà la miseria, la confusione, la violenza.

— Vorrei solo dire, poichè avete toccato la questione della esperienza, che da qualche anno avevo una gran voglia di volarecon un aliante e pensavo che sarebbe stato meraviglioso. Ieri ho avuto la fortuna di farlo per un'ora insieme con un ufficiale svizzero. È stata un'esperienza interessantissima; ma quando sono sceso m'è parso d'averla giù provata e che non era necessario andar su.

— L'interrogante dice che ieri ha volato con un alianteperchédesiderava una nuova esperienza. Ma quando è sbarcato s'è accorto che la novità non c'era stata. Ditemi,perchéandate in cerca d'esperienze per mezzo dell'aliante, del sesso, dell'ascensione sulle montagne, delle droghe, delle esaltazioni psichedeliche o altro che sia?

Chiedetevi anzitutto questo. Che sarebbe di voi se non aveste più esperienze di nessuna specie? Dipendete da esseperchévi stimolano, vi tengono svegli; qualora mancassero cadreste nell'inerzia. Se non scoppiassero le crisi politiche, i conflitti fuori e dentro di noi; se tutto fosse come lo vogliamo e nulla venisse a disturbarci, la nostra esistenza sarebbe un sopore continuo. Le esperienze — piacevoli o dolorose — ci sono necessarie poichè ci danno la possibilità d'essere desti. Ma le eccitazioni, gli stimoli offuscano la sensibilità della mente, non la rendono certo più intensa. Quando si arriva a capire che, come dicevamo l'altro giorno, l'uomo è passato attraverso migliaia e migliaia di guerre senza nulla imparare, pronto com'è tuttora ad ammazzare il suo vicino alla minima provocazione, ci si domanda finalmente ilperchédi questo dipendere da uno stimolo e se è consentito essere desti e vitali pur facendone a meno.

Qui è il nucleo del problema. Io sono vincolato alle esperienze, al loro potere stimolante, che spero renda la mia mente più acuta e vivace. Ma accade il contrario. Mi chiedo allora se posso essere sveglio completamente, non sotto certi aspetti e marginalmente, all'infuori di qualsiasi sollecitazione occasionale. Dunque rinunciare agli stimoli non significa cadere nella vacuità ma essere luce a se stessi, una luce che non viene mai meno. È possibile? Per scoprirlo è necessario ch'io mi conosca integralmente, nel profondo, sicchè non rimanga angolo segretodi me che non sia messo allo scoperto.Devo rendermi consapevole di tutta l'area del mio io, della struttura della coscienza che contiene tanto l'individuo che la società. Solo quando la mente avrà oltrepassato la coscienza individuale e sociale, diverrà per se stessa luce che non s'estingue.

Giovedì 27 luglio 1967.

Decimo discorso

Che va cercando ognuno di noi nella vita? Qualora volessimo seriamente indagare sulla necessità più profonda che ci muove, credo ci troveremo di fronte a una istanza, a una ricerca basata sulle tendenze personali o diretta dalle circostanze. Se è così, dovremmo persuaderci che il nostro cercare non uscirà dai limiti del carattere, della mentalità, della cultura che ci condizionano; e che non ci rimane altro da fare che migliorare le circostanze esterne sì da cavarne maggiore soddisfazione e benessere. Una esigenza primaria e vitale, che segua l'indirizzo delle nostre inclinazioni, sfocia nell'inchiesta di un piacere più grande ed esteso. Circostanze, cultura, inclinazioni: quale di queste tre categorie stimola e informa la nostra ricerca, guida le nostre aspirazioni e i nostri tentativi?

Tutti abbiamo l'aria di cercare qualcosa: felicità, successo, ricchezza e singolarità d'esperienze. Coloro che vengono considerati seri si dicono ricercatori della verità.

Questa è una delle convinzioni più pericolose, poichè la verità non si cerca con interesse occasionale e intermittente ma con attenzione viva e continua, rivolta non in una direzione bensì al totale intendimento della vita.

Se il movente è il godimento di un maggior piacere — come accade alla maggior parte di noi — nè del resto v'è nulla di male —, sarà causa anche di maggiori pene e maggiori paure. Se è improntato alla peculiarità delle tendenze o delle circostanze, rappresenterà una reazione parziale e incompleta, con limiti, ostacoli, dolori suoi propri. Altra cosa è invece la ricerca che muove da una serietà cauta, priva di certezze e di fini, esercitata in ogni momento della vita. E dobbiamo essere seri verso la vita, non verso la verità, il piacere, le soddisfazioni probabili; seri in tutto ciò che facciamo; ugualmente seri nel preparare un pranzo appetitoso, nell'intrattenere un rapporto coi nostri simili, nell'aspirare a ciò che usiamo chiamare"verità". Tutta la nostra vita, e non soltanto alcuni aspetti isolati, va vissuta con intensa e vigile serietà, dato che ogni essere umano è responsabile delle iniquità, delle guerre, della fame, della povertà materiale e morale, della terribile violenza che regnano nel mondo.

Perciò quelli fra voi che si trovano qui per curiosità, senza essere veramente interessati, farebbero meglio ad andarsene. Se siete disposti alla massima serietà verso ogni cosa, restate e prestate tutta l'attenzione di cui siete capaci.

Sono fermamente convinto che la responsabilità del caos, della miseria, del dolore del mondo ricada su ciascuno di noi; e che ciascuno di noi possa attuare in se stesso una radicale rivoluzione dell'essere umano.

Infatti all'interno di ciascuno di noi si trovano tanto lo individuo che la società, tanto la violenza che la pace, tanto la gentilezza che l'aggressività, l'odio, la paura. Siamo uno strano miscuglio di tutto ciò, in cui predomina, volta a volta, l'una o l'altra componente in condizioni di minacciante squilibrio.

Nostra è la responsabilità del mondo e, naturalmente, anche di noi stessi, di come sentiamo, pensiamo, agiamo. Non ha senso andare in traccia del piacere o della verità senza avere compreso questa mescolanza, questa contraddittoria convivenza di moti violenti e gentili, affettuosi e invidi, innamorati e gelosi, ansiosi e cupidi. Non ha senso alcuna vera ricerca se non è preceduta dalla totale trasformazione delle fondamenta stesse dell'essere nostro.

Dall'inizio della sua storia l'uomo ha sempre cercato ciò che indica come verità o dio, qualcosa altro da sè, atemporale, infinito, non nominabile. L'ha fattoperchéla sua vita è dura, trascorre inconflitti e dolori pur restando monotona e insignificante; e si conclude infine con la vecchiaia e la morte.

Imprigionati in questo destino e bisognosi d'evaderne, o fors'anche superficialmente avvertiti della sua problematicità, vogliamo scoprire un valore intatto dal tempo, dal pensiero, dall'umano corrompimento. Da qui è nata la fede e il culto di un dio, di un salvatore, di un ideale. Ma non vi siete accorti che la fede conduce inevitabilmente alla violenza? Quando io ripongo fede in un'idea, in un concetto, in un simbolo, sono costretto a proteggerli, mi identifico con essi, ne faccio una proiezione di me stesso e li difendo a qualunque costo. Devo quindi far ricorso alla violenza. Ma per fortuna oggi le fedi vanno perdendo terreno. Aumenta il numero di quelli che non credono più. Però costoro o divengono amaramente cinici o escogitano filosofie che soddisfano l'intelletto lasciando irrisolto il problema centrale.

In verità tale problema consiste nell'operare un radicale mutamento, sia all'interno che all'esterno dell'uomo che ponga termine a un mondo di tanta confusione, di sì angosciosa e complessa infelicità. Dopo si potrà, volendo, procedere oltre. Ma senza questa fondamentale rivoluzione è inutile ogni sforzo per portarsi al di là della dolorosa insignificanza del vivere. Il bisogno di verità, di sapere se dio esiste o no, se c'è una dimensione atemporale, avrà risposta. Ma non verrà da un prete, da un salvatore o da qualcun altro; verrà da voi stessi quando avrete attuato quel profondo cambiamento che può e deve aver luogo in ogni essere umano.

Qui è l'interesse e la ragione dei presenti discorsi; siamo impegnati a comprendere come mutare non solo l'infelice mondo che ci circonda ma soprattutto noi stessi.

I più fra noi sono così poco equilibrati, così inclini alla violenza e alla cupidigia, così facili a sentirsi oltraggiati da ogni contrarietà, che la cosa essenziale da chiedersi è se persone come voi e come me, che vivono in un mondo siffatto, possono trovarvi rimedio. Che rispondete? È consentito veramente fare qualcosa? Badate che ci stiamo ponendo una domanda molto seria. Io, voi, come essere umani, che possiamo fare per cambiare noi e il mondo? Aspetteremo che ce lo indichi qualcuno? Lo hanno già fatto in molti; i preti, anzitutto, che vengono considerati esperti di queste cose assai meglio di noi laici; e poi gli intelletti più sofisticati. Ma non ci hanno condotti lontano.

Dunque non ci sono guide, non ci sono maestri, non ci sono autorità a cui ricorrere; non c'è nient'altro che l'essere umano nei suoi rapporti con se stesso e col mondo.

Quando si arriva a comprendere ciò e a tenerselo sotto gli occhi, o si dispera e si diventa cinici o ci si accorge d'essere interamente responsabili di se stessi e del mondo. In tal caso l'autocommiserazione e l'amarezza spariscono. Aver pietà di sè o prendersela con gli altri non reca certo chiarezza.

Che possiamo fare voi ed io per vivere a questo mondo in maniera sana, equilibrata, razionale e per godere anche nello intimo di un uguale equilibrio, immune da conflitti, odio, violenza?

Questa è la domanda che ognuno di noi si deve rivolgere e a cui deve rispondere da sè.

Forse stamani imprenderemo insieme un cammino, non sul tracciato di una esposizione verbale o d'una disamina di concetti ma, al contrario, mettendo da parte tutto ciò; un cammino verso la mente che non è mai in conflitto e che quindi non ha alcuna cagione per dominare o asservirsi. Sarà una inchiesta tanto vostra che mia. E questo vuol dire che dovrete prestare grandissima attenzione; attenzione, non concentrazione che è cosa del tutto diversa. Avete notato quel che succede quando vi concentrate? Mettendo a fuoco il pensiero su un determinato oggetto, lo chiudete entro un campo ben trincerato, sicchè concentrarvi diventa un atto di difesa e di esclusione. Attendere invece significa render desto il proprio essere in modo integrale e non frammentario; nell'attenzione penetrano senz'urti anche il rumore di quest'aeroplano, del treno che passa, quello che si dice, si vede, si sente,perchél'attenzione è uno stato senza frontiere. Esso ci consentirà di spingerci insieme molto lontano e molto a fondo.

Dunque voi ed io, esseri umani consapevoli della contraddizione fra gentilezza e violenza, fra odio antagonistico e occasionali empiti di gioia, che regna in noi e nel mondo, ci chiediamo comerealizzare in noi e nel mondo un radicale mutamento. È una domanda che esige attenzione (a questo punto si guasta uno dei microfoni; si provvede a ripararlo mentre il discorso prosegue). Ecco una causa di distrazione. La mia tendenza sarebbe di osservare quel che succede ma anche di bandire la curiosità per continuare a parlare. È uno stato di contraddizione nel quale la mente non può funzionare con chiarezza. Il mezzo meccanico s'è guastato e va messo in sesto; allo stesso modo la mente deve operare ed esprimersi senza dissonanze. A ciò non giova la concentrazione. Ma se l'incidente imprevisto è per noi fonte d'attenzione e non di distrazione, se interamente attenti torniamo verso ciò di cui stiamo discutendo, la contraddizione non ha luogo.

Con questa qualità d'attenzione saremo in grado di osservare noi stessi; e quanto più procederemo nell'autoconoscenza tanto più la mente potrà andare oltre le proprie strutture, i propri simboli intellettuali e verbali, sì da non cadere nel laccio delle immagini, delle illusioni, dei desideri da lei stessa creati.

Quindi, per prima cosa, dobbiamo conoscerci completamente, così che non restino angoli nascosti, inaccesse pieghe della mente. E potete farlo in due modi: l'uno è di avanzare a passo a passo — vi prego di seguire con cura questa parte —, mediante l'analisi, l'introspettivo esame d'ogni piano della coscienza, esame necessariamente esteso nel tempo. Per esempio, principiate constatando d'essere gelosi, iracondi, invidiosi; poi vi chiedete ilperché, via via studiando i vari motivi e dipanando la complessità del vostro io con una indagine analitica che richiederà tempo. L'altro modo è del tutto diverso. E mi auguro che riusciate vedere la differenza. Ammettiamo che io voglia e possa studiare me stesso senza illudermi nè alterarmi; ch'io miosservi con la precisione con cui colgo la mia immagine in uno specchio. A questo punto prendo ad analizzarmi, risalendo alla causa d'ogni pensiero e sentimento, chiarendo ogni loro particolare motivo. È impresa di giorni, mesi, anni, minacciata da continue distorsioni,perchéquella che vado esaminando è una entità vivente, esposta a influssi, condizionamenti, sforzi mutevoli; un'entità dinamica che vuole e disvuole, si contraddice. E io devo coglierne i singoli movimenti, per mezzo di essi cercando di comprendere la totalità. Generalmente schiviamo una fatica tanto ingrata, identificandoci con qualcosa di grande: la famiglia, la nazione, l'idea, il Messia, il Budda. L'identificazione è un progetto di noi stessi, è l'immagine di quel che vorremmo essere e non siamo. Ma è miche uno schema condizionante e quindi cagione di conflitti.

Per secoli e secoli l'uomo non ha saputo tentare altro che o conoscersi con l'introspezione analitica o superarsi con l'identificazione o abbandonarsi a un passivo agnosticismo, aspettando che qualcosa succeda. Se poi la vita si fa troppo difficile, ricorre alle droghe, ai tranquillanti. L'abitudine di drogarsi non è peculiare dell'uomo moderno ma esisteva già tre o quattro mila anni fa in Cina e in India, quale evasione dalla noia terribile, dalla insignificanza di una vita che si ripete nel lavoro quotidiano, nel sesso, nel problema dei figli, nel continuo contrasto con se medesimi. Del resto il giuoco del calcio o le funzioni delle chiese hanno lo stesso significato, ne sono l'equivalente psicologico. Ma se vi rendete conto che questa non è la strada giusta,perchéimplica tempo,perchéin essa è il seme della violenza, dell'antagonismo, della frustrazione, l'abbandonerete definitivamente. Un uomo che volesse andare a sud e s'accorgesse d'aver preso una via che porta a nord, le volterebbe immediatamente le spalle. Così, quando comprenderete l'inutilità dei tentativi attuati dall'uomo attraverso il tempo — e non importa che altri affermi il contrario —, osserverete voi stessi in ben altro modo, al di là del processo del tempo.

C'è dunque una complessa totalità chiamata"io", coi suoi antagonismi, le sue paure, le sue speranze, le sue ambizioni, le sue voglie. Posso coglierla con un atto sì completo e istantaneo dacomprenderla interamente? Dopotutto che è la verità? Che significa vederla, sentirne la bellezza e l'amore? Significa osservare con mente non frammentaria, atta a contenere una totalità. E quando scorgerete tutto di voi stessi, la totalità che siete e non questo o quel frammento, vi troverete davanti alla verità, capirete con un solo sguardo la complessa natura dell'essere vostro.

È possibile una rivelazione così integrale, raggiunta in un istante? Per molti di noi non lo è, dato che non hanno mai affrontato con molta serietà il problema dell'autoconoscenza.

Preferiamo biasimare gli altri, spiegare via via le cose, evitando di guardarci all'interno per paura di scoprirci quali effettivamente siamo.

Vi riuscirà di vedere totalmente solo quando presterete una totale attenzione. In essa non c'è posto per la paura,perchéla mente, il corpo, i sensi, i nervi, tutto è votato all'azione dell'osservare; quindi non nascono contraddizioni e conflitti.

E una volta che vi sarete addentrati tanto in voi stessi, potrete andare più a fondo. Dicendo"più"non intendiamo fare un paragone. Di solito noi procediamo per confronti, sempre riferendo e misurando: la profondità richiama la superficialità, la felicità richiama l'infelicità. Così quando qui parliamo di una indagine ulteriore, siamo costretti a usare una parola di senso comparativo. Ma che valore hanno i termini superficiale e profondo, applicati alla nostra interiorità? Se dico d'avere una mente fatua e limitata, come sono giunto a capirlo? Evidentemente confrontandola con la vostra più intelligente e consapevole. Esiste un conoscere senza confronti? Per sapere se ho farne, ho bisogno di riferirmi alla mia fame di ieri? Dunque usando l'espressione"più a fondo", non assumiamo nessun termine di paragone. La mente che ricorre a continui confronti e misure genera continue illusioni. Se misuro me stesso con voi, che siete più dotato e sveglio, mi sforzerò di somigliarvi, sostituirò alla realtà ch'io sono una falsa immagine. Lo stesso accade quando mi identifico con qualcosa di più grande, come il Paese, il Salvatore, l'Idea. Ma qualora sia arrivato a comprendere cheil processo del confrontare, sotto qualsiasi forma, conduce alla illusione, all'aggravarsi del conformismo, del conflitto e della miseria, io vi metterò fine completamente.

Allora la mia mente smetterà di cercare, esperimentare, interrogare, attendere; nonperchésia soddisfatta di come stanno le cose maperchénon insegue più illusioni e immagini. Si muoverà su un piano diverso in cui la vita, così com'è ora con la quotidiana serie di piaceri, di pene, di paure che l'hanno condizionata, sarà completamente scomparsa. Conoscerà finalmente la gioia, che non ha nulla in comune col piacere. Il piacere è sostenuto dal pensiero che gli affianca sempre la paura. La gioia invece, il sentimento di colma beatitudine, non appartiene al pensiero. Su questo piano ove non esiste conflitto, non esiste alienazione, non esiste dualismo, la mente troverà la sua funzione.

Una esposizione verbale può arrivare solo fin qui; ciò che si trova al di là non è affidabile alle parole, poichè le parole non sono il fatto. Non sarà una spiegazione a schiudere la porta. Essa si aprirà in virtù d'una consapevolezza quotidiana, attenta, senza scelta o giudizio, ad ogni moto interno ed esterno: a come parlate, pensate, camminate. La spiegazione gioverà, come giova pulire e riordinare una stanza; è bene che l'ordine ci sia ma non è tutto. Una stanza non s'apre per questo. L'apertura non è effetto di volontà o desiderio. Non potete invitare ciò che è altro. Potete, come la stanza, portare in voi la compostezza e la pulizia della virtù. Non però la virtù imposta dall'etica sociale per i propri fini bensì la sanità del vivere ordinato e razionale. Allora forse la porta si schiuderà ed entrerà la brezza, Ma può anche non accadere. Tutto dipende dallo stato della vostra mente, che solo voi siete in grado di comprendere, osservandola senza imprimerle una forma, una direzione. Dunque soltanto la consapevolezza che non sceglie può aprirsi a una dimensione non tocca dal conflitto e dal tempo, a qualcosa che non sarà mai tradotto in parole.

Avete ora qualche domanda da fare ?

—Che cos'è l'immaginazione?

—Non lo sapete? Vi abbisogna una spiegazione? Tutti conosciamo le favole, i quadri astratti, le invenzioni sul paradiso, l'inferno e le varie divinità, le divagazioni della memoria sulla bellezza della nuvola ammirata ieri sera. Viviamo in mezzo ai miti e alle fantasie. Ma fantasticare, immaginare, proiettarsi in illusorie visioni è indizio di mente sciocca.

—Che ne sarebbe dell'arte se l'uomo mancasse d'immaginazione, cosa del resto impossibile?

—Che posto ha l'arte in una mente religiosa? Non intendo quella specie di disco che porta incisi i dettami di una qualche chiesa o dottrina o filosofia e che religiosa non è; intendo una mente che vive su una dimensione del tutto nuova. Che significato può avere per essa l'arte? Qual è il motivo del nostro legame verso la musica, la poesia, la pittura? Non rappresentano un'evasione, uno stimolo? Voi dipingete un quadro e io mi sento incitato a giudicarlo bello o brutto. Oppure, se siete considerato un pittore famoso, il vostro quadro è merce da quotazioni alte. Ma chi si trova in diretto contatto con lanatura, le colline, le nuvole, i fiumi, gli alberi; chi osserva, ed è, col volo d'un uccello, con la mutevole armonia del cielo e del variare delle ombre, con la bellezza d'un volto umano credete voi abbia voglia di andare a guardare i quadri di un museo? Non ci si va forseperchési è incapaci di vedere da sè? In tal caso è come prendere la mescalina, la marijuana o altra droga, che stimoli a vedere meglio. Dovete mettere in discussione tutti i valori cui finora l'uomo ha creduto. Avete intentato processi contro il dispotismo politico o religioso ma non contro l'autorità d'un Picasso o di un grande musicista. Siamo abituati ad accettare; accettando, diventiamo sempre più deboli nel rapporto diretto con le cose e perciò più desiderosi d'arte non-oggettiva.

Se invece sapessimo guardare il viso d'un passante, il fiore sul bordo di una via, la nuvola nel cielo di una sera; se sapessimo vedere con piena attenzione e perciò con pienezza di gioia e d'amore, tutto il resto non significherebbe gran che.

—Lo stato di completa attenzione è, in altre parole, uno stato senza conflitto. Ma comprenderlo non presuppone che si sia giù usciti dallo stato di conflitto?

—È un circolo vizioso, non è vero? Io vivo in conflitto e ogni moto della mia mente è sforzo, lotta. Un bel momento mi sento dire che così non capirò nulla e che ogni cosa mi si rivelerà mediante la completa attenzione. Ma essere attenti equivale a essere senza conflitto; così mi trovo al punto di partenza. Si rende conto colui che parla di averci cacciati in un circolo vizioso?

Colui che parla, non dicendovi che cosa dovete fare, lascia il problema irrisolto. Ma se ora vorrete cortesemente seguirne le parole, certamente riuscirete a mettervi in comunicazione.

In primo luogo la mente s'accorge d'essere in conflitto e che il suo aspirare, desiderare, imitare, conformarsi, sopprimere, sublimare, espandersi con l'aiuto di droghe, rientra nei limiti dello stato di conflitto, nel quale cadrà qualunque cosa essa faccia. Se io arrivo a capire ciò, non a livello delle parole ma vedendolo con la precisione con cui ora vedo questo microfono, che succede? Che succede quando percepisco acutamente il pericolo d'un precipizio o di un animale nocivo? Ogni moto della mente si ferma e il pensiero tace. Allo stesso modo, se scorge realmente la natura del pensiero, esso si arresta. Tutto ciò che il pensiero fa serve ad accrescere la confusione, il dolore, il conflitto. Di conseguenza, quando se ne rende conto, il suo processo si ferma spontaneamente e il circolo vizioso è rotto. Così giunge alla fine il pensiero, vale a dire, il tempo.

—Questo silenzio della niente, questa consapevolezza è sinonimo di meditazione?

—Meditazione è parola assai compromessa e in Asia ha assunto un significato particolare. Esistono varie scuole, condifferenti metodi e sistemi per educare alla concentrazione. Uno di essi, per esempio, prescrive di osservare il movimento del proprio alluce senza mai perderlo di vista. Così la meditazione viene intesa come controllo, ottemperanza a un'idea, contemplazione infinita d'una immagine, ascolto di parole come"om","amen"o qualche altra, lasciandosi compenetrare dal loro suono. Sono tutte forme in cui è implicita una attività del pensiero, un imitare, un conformarsi a un modulo stabilito. Ma, secondo colui che vi parla, questa non è meditazione. Meditare è atto completamente diverso; è rendersi consapevoli del pensiero e del sentimento, mai correggendoli, giustificandoli, giudicandoli buoni o cattivi, bensì muovendosi col loro moto. Solo accompagnando il vivente processo di un pensiero, di un sentimento, si comincia a comprendere l'intera natura del pensare e del sentire. Da questa consapevolezza scaturisce un silenzio non simulato, non controllato, non costruito dal pensiero — che sarebbe cosa ristagnante e morta. È, al contrario, un silenzio che giunge quando il pensiero ha compreso la propria origine, la propria essenza; si è accorto che tutto quello che fa non è libero, è sempre vecchio. Vedere ciò, muoversi consapevolmente con ogni moto interiore, è pervenire a un silenzio in cui l'osservatore è scomparso. Questa è meditazione.

Domenica 30 luglio 1967.

27276862R00072

Printed in Great Britain
by Amazon